最強のプレゼン段取り術

日本マイクロソフト株式会社
西脇資哲

SOGO HOREI PUBLISHING CO., LTD

プロローグ

プレゼン上手は恋愛体質

突然ですが、あなたは5日後に大切なデートを控えています。その日までの時間をどう過ごしますか？　デートの場所はどこで、会えるのは何時間か。映画を観て食事をするなら、相手はどんな映画が好きで、何が食べたいのか。プレゼントを用意するなら、何が喜ばれるだろう。そんなことをあれこれ考えながら、準備をするはずです。

なぜそこまで準備するのでしょうか？　デートを成功させたいからですよね。デートで自分の「好き」という思いを相手に伝え、自分を選んでもらいたいからです。

プレゼンテーション（以下プレゼン）も同じです。あなたが売りたい商品のプレゼンをするなら、いかにあなたがその商品を好きなのか、なぜそれを愛してやまないのかという思いを伝えて、数ある競合商品の中から、相手にそれを選んでもらわなければなりません。そのためには、プレゼンをする**相手を知ることが必要**です。相手がどんな人で、何を求めているかがわかっていなければ、的確なアピールはできません。

プレゼンは情報戦であり、かつ心理戦でもあります。勝ち残るには、自分がプレゼンするものをどれだけ好きになっているか、プレゼンする相手にどれだけ関心を持っているかが決め手になります。たとえるなら、プレゼン上手は、プレゼンをするものや人を自由自在に好きになれる〝恋愛体質〟といえるでしょう。

プレゼンはデートと同様に、当日ではなく、**それまでの準備で成否の8割が決まります。**

デートで映画を観に行くとします。上映時間から監督のプロフィールまで、その映画に関する情報を綿密に調べておけば、当日に相手からどんな質問をされても、サッと答えられるし、会話も盛り上がります。当日に予期せぬことが起きた場合でも、準備が多いほどスマートに対応できます。

私は女性に花を贈ることがよくあります。花屋でお店の人と相談しながら花を選び、ブーケに仕立ててもらうには、少なくとも15分から20分程度はかかります。つまり、花を贈るなら相手に会う直前ではなく、余裕を持って花屋に行っておく必要があります。

それ以前に、立ち寄れる場所に花屋があるかどうかを調べておかなくてはなりません。さらに、いまの季節ならどんな花が喜ばれるかを把握し、可能であれば相手の好きな色をSNSのプロフィールなどで確認しておいた上で、相手の趣味に合いそうなブーケをオーダーします。ラッピングやリボンの色もよく考えて指定します。

そこまで時間と労力をかけて準備しても、相手に花を渡して「ありがとう」と言われるのは、ものの5分です。でも、その5分のために延べ何時間も費やしてこそ、相手がもらってうれしいと感じる花を贈ることができるのではないかと思います。

待ち合わせ時間の5分前に慌てて花屋に駆け込み、店先にあるものを適当に買って渡したら仏花《ぶっか》のような菊の花束だった、などということになっては洒落になりません。花そのものや贈るという行為ではなく、そのために尽くした**準備が相手の心を動かす**のです。

デートで観る映画は何にしようかと考えたり、相手の好きな花を選ぶことは、きっと楽しいはずです。**プレゼンの準備も、そんなふうに楽しみながら進めてほしい**と思っています。

プレゼンの研修に参加したら、いきなりプレゼンづくりの課題を出され、それを大人数の前で実演させられた上にダメ出しをされ、すっかりプレゼンが苦手になった、という声をよく聞きます。プレッシャーや緊張、ネガティブな評価ばかりにさらされながらプレゼンに取り組んでいたら、プレゼンが嫌いになるのは当然のことです。

自分が楽しくなければ、相手を夢中にさせるプレゼンはできません。あのスティーブ・ジョブズもそうでしたが、プレゼンが上手な人はたいてい、楽しそうに見えます。言い換えれば、楽しそうにやっているプレゼンは上手に見えるし、「商品やサービスを買いたい、この人に仕事を依頼したい」という気にさせられます。そして、その成功体験によって、プレゼンをした本人はさらにプレゼンが好きになり、ますますいいプレゼンができるようになります。

私は日本マイクロソフトで、製品やサービスの魅力を伝える「エバンジェリスト」として多数のプレゼンを行うとともに、企業や官公庁、学校などでプレゼン研修の講師を務め、小学生からビジネスマン、国会議員や学者まで、幅広い方々にプレゼンのテクニックをお伝えしています。

その実績の中で進化させてきた「相手を動かすプレゼン」のレシピを、みなさんにお届けしたいと思います。

本書では、プレゼン当日を含めた5日間で、プレゼンをつくり上げる構成でお話しします。

1日目では、プレゼンの目的と伝えるべきことを整理します。2日目でシナリオをつくり、3日目はスライド作成、4日目でトークを完成させ、5日目にプレゼン当日に使える効果的な動作などのテクニックを加えてプレゼン本番に臨みます。

それでは、今日からプレゼンの準備を始めましょう。この5日間で、あなたがプレゼンする商品や相手、プレゼンそのものを好きになっていきましょう。これから私がお伝えしていくさまざまなテクニックは、その「好き」という土台があってこそ力を発揮します。

何より大切なのは、あなたの愛情や情熱、そして準備です。これらがしっかりしていれば、プレゼンは必ず成功します。

CONTENTS

プロローグ
プレゼン上手は恋愛体質 2

DAY 1
プレゼンの準備は相手を知ることから

いきなりPowerPointを開かない 16
プレゼンの目的は相手を動かすこと 17
プレゼンする相手の興味・関心を知る 21
テーマから「伝えたいこと」を抽出する 24
「伝えたいこと」が伝わる表現方法 27
会場や機材のチェックをする 30
プレゼンの順番は最後が有利 31

DAY 2

シナリオは話しやすい順に構成する

「起承転結」を捨てる　34
シナリオは大きい話から小さい話へ　37
西脇流シナリオの型① プレゼンの黄金比は「3対7」　38
西脇流シナリオの型②「ホラーストーリー」が効く　44
西脇流シナリオの型③「シンメトリック」でまとまった話に　48
内容をA4の紙1枚にまとめる　51
スライドの素材を揃える　53

DAY 3

伝わりやすく、目線を誘導できるスライドをつくる

13文字で素材を整理する 56
目線を制するものはプレゼンを制する 59
伝わりやすいスライドにするテクニック 62
色は4＋1色まで 62
話を聴きたくなるタイトルに 63
タイトルスライドこそかっこよく 64
「おでこ」と「足元」はきれいに保つ 66
メリハリで見やすくする 68
箇条書きは1行に収める 70
矢印は目線の動きに合わせる 72
偶然の余白より意図的に空白を 74
文字のトレンドと強調 76
数字は半角、単位を小さく 78
ページタイトルと同じ1行目は不要 80

余分な表現をそぎ落とす　82
グルーピングを意識する　84
写真やイラストでシンプルに　86
写真やイラストのテイストを揃える　86
写真を際立たせる「エッジ」と「目」　88
「上半分」と「左半分」の使い方　90
表はデフォルメしてもいい　92
美しいグラフのトレンド　94
「ノート」機能をカンペに使う　96
アニメーションは多用しない　96
扉ページ、裏表紙をつくる　98
スライドづくりに役立つサイト　100
スライドシェア　100
アドビストック　101

DAY 4

自信に溢れ、わかりやすいトーク

「語りかけ」で一体感を生む 104
終わりの時間を最初に伝える 106
絶対時間に相対時間を添える 108
うまいプレゼンには実数がある 111
心地よいリズムをつくる「韻を踏む」 114
「引用」で自分話を好印象に 116
伝わり方は語尾しだい 118
事実（ファクト）と意見（オピニオン）をペアにする 121
伝わらなければ比喩じゃない 123
マイナスの言葉を使わない 125
名詞は必ず修飾する 127

わかった気にさせるフレーズを入れる 129
劇的な効果をもたらす「ブリッジ」 131
口癖は個性 135
下手なプレゼンこそ参考になる 137
テレビの「あの人」に学ぶ 138
自信が表情と指先に表れる 140
声に出してリハーサル 141

DAY 5

相手を動かすプレゼンテクニック

当日は必ず機器を再確認する 146
目線を集めるときには PowerPoint の機能を使う 146
プレゼン直前まで情報収集 150
スライドは直前で修正してもいい 151

自信のある人に見える目線の配り方　152
第一声で相手を惹きつける　153
自己紹介は名前2回　155
空気をほぐす「つかみ」と相互コミュニケーションの「さぐり」　157
手や指を動かし、自分も動く　159
「お手元の資料」に誘導しない　161
接続詞で目線を集める　162
少人数のプレゼンでは「対面」を避ける　165
一度口にした言葉は言い直さない　166
挙手でコミュニケーションを取る　167
質問は持ち帰らない　169
すべての印象を左右する終わり方　171

DAY +1

プレゼンを向上させるレビュー

アンケートの9割は無意味 174
セルフアンケートで気分を上げる 177

エピローグ

プレゼン上手は褒め上手 179

DAY 1

プレゼンの準備は相手を知ることから

いきなりPowerPointを開かない

プレゼンの準備というと、いきなりPowerPointを開いてスライドをつくり始める人が多いのですが、ちょっと待って下さい。

PowerPointで作成するスライドは、あくまでもプレゼンの「副産物」です。スライドは、プレゼンをより効果的に見せるための道具に過ぎません。

プレゼンの準備を始める1日目は何をすればいいのか？　DAY1では、**「今回のプレゼンはどういう目的があって、何をしなければならないのか」**という原点について整理しましょう。

まずは、今回のプレゼンは「いつ」「どこで」「誰が、誰に」「何について」「どれくらいの時間で」行うのかという、5W1Hの基本概要を確認します。

そして、物理的なことで確認が必要と思われることを書き出し、チェックしていきます。

たとえば、

- **資料は配布するのか**
- **会場はどのくらいの大きさか**
- **機材は何が使えるのか（プロジェクターやマイクはあるかなど）**
- **当日、会場入りできる時間は何時で、事前準備の時間はあるのか**

などといったことです。

最初にこうした基本事項をクリアにしておくと、この後の準備がスムーズに進められます。

これらの中でも、「**相手は誰なのか、誰をどうさせたいのか**」がもっとも重要です。詳しく説明していきましょう。

プレゼンの目的は相手を動かすこと

ここで、「プレゼンの目的とは何か」を確認しておきましょう。

たとえば、新商品のペットボトル入りのお茶をプレゼンするとします。この場合、プレゼンの目的とは、どんな味のお茶なのかや、いかにヘルシーでリーズナブルであるかといった特徴を伝えることではありません。「わかりやすく伝えること」が目的ではないのです。

では、プレゼンの最大の目的とは何か。

プレゼンとは、資料や商品を説明することではなく、相手を動かすことです。

商品のプレゼンであれば、相手が「いいね、それ買うよ」と言ってくれる。つまり相手が動いて初めて、プレゼンの目的が達成されるのです。

「相手を動かす」という目的が明確になると、まず決めなくてはいけないのは、**今回のプレゼンで「誰を」「どうさせたいのか」ということ**ですよね。これをはじめに考えていない人が多いのです。

ほとんどの人は、プレゼンで「何を何分話すか」を最初に決めようとします。でも「誰をどうさせたいのか」が決まらない限り、「何を何分話すか」なんて、実は決まりようがないのです。

「誰をどうさせたいのか」つまり、「相手を動かす」ために必要なこと。それは、「**パーセプションチェンジ**」です。

パーセプションとは、ものの見方や考え方のこと。つまり、**パーセプションチェンジとは、相手のものの見方や考え方を変えることです。**これができないと、相手は動いてくれません。

たとえば「お茶は自分で淹れるもので、買って飲むものではない」というパーセプションを持っている人に、ペットボトル入りのお茶を買わせようと思うなら、その人のパーセプションを変えなければならないわけです。

プレゼンに向けてまずやるべきことは、「誰をどうさせるか」という、パーセプションチェンジの設定です（図01）。

それには、相手がどんなパーセプションを持っているのかを知る必要があります。つまり、**DAY1で資料やスライドを揃えるよりも先にするべきことは、相手の調査です。**

プロローグでお話ししたデートの話を思い出してください。デートの目的は、相手に自

図01 相手を動かすパーセプションチェンジ

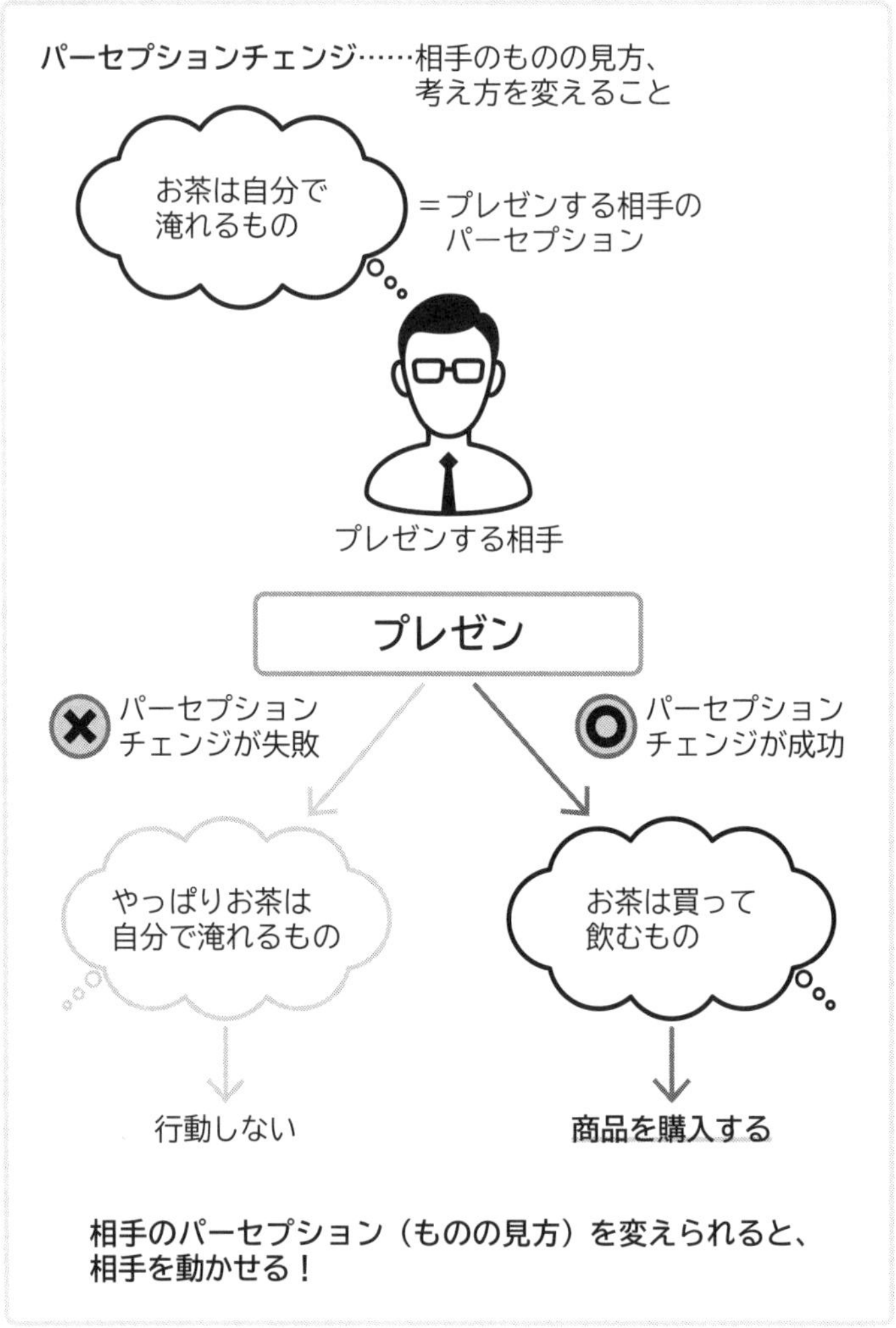

分を選んでもらうことでしたね。つまり、自分を選んでもらうように相手のパーセプションを変えるには、「デートプランを考える前に、まず相手を知りなさい」ということですね。

プレゼンする相手の興味・関心を知る

プレゼンは、相手が特定されている場合と、そうでない場合があります。

「取引先のA社の○○さんと××さん」のように、特定の相手に向けてプレゼンを行うのであれば、相手と直接コミュニケーションを取ったり、社内の営業担当者からヒアリングしたりするなどして、**相手が何に関心があって、何に関心がないのかをリサーチします。**

相手が企業経営者などのエグゼクティブなら、新聞や雑誌、ウェブなどでインタビューを受けていることが多いので、その記事を徹底的に調べます。個人のTwitterやFacebookからも、いろいろな情報を得ることができます。

一方で、「ビジネスパーソンを対象にした、参加者600名のプレゼン」のように、不特定の相手に向けたオープンなプレゼンでは、さすがにそれぞれの人が何に関心を持っているかを把握することはできません。では、どうすればいいのでしょうか。

その場合は、参加者の属性などのデータから、こういうことに関心のある相手だろうと想定し、それに沿ってプレゼンを展開します。

でも、その想定が当たっているかどうかはわかりませんよね。ではどうするかというと、**プレゼン中に相手をその想定に「誘導」するのです。**

たとえば「今日は、みなさんが一番関心をお持ちであろう〇〇についてお話しをさせていただきます」といった言い回しを使う。こうすることで、相手を「まあ、そう言われてみれば、〇〇について知りたかったんだよな」という気にさせることができるのです（図02）。この「誘導」のテクニックについては、DAY4で詳しくお話しします。

相手がどういう人なのかわからない場合は「想定して誘導」です。わからないから手探りでやるのではなく、**わからないなら相手の像を自分でつくるべきです。**

ただ、相手のことをまったく考えずに勝手な想定を押しつけるのはよくないので、相手について知ることができる範囲のことは知っておいたほうがいいし、調べられる相手のこ

図02 プレゼンする相手によって対策は変わる

相手が特定されている場合

相手の興味・関心をリサーチする

■直接コミュニケーションを取る
■相手を知っている営業担当者からヒアリングする
■インタビューやSNSの投稿から情報を得る

相手が特定されていない場合

参加者の属性を調べる

■参加者の属性から関心がありそうなことを予測する
■予測を元に、参加者を「誘導」する

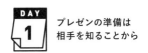

とは可能な限り調べておくべきでしょう。

テーマから「伝えたいこと」を抽出する

ここまでで、プレゼンする相手のことを知りました。それでは、相手のパーセプションチェンジを起こすには、何を伝えればいいのでしょうか。

「伝えたいこと」に関するよくある誤解なのですが、たとえばお茶のプレゼンをする人に、「あなたが伝えたいことって何ですか?」と尋ねると、たいてい「お茶です」という答えが返ってきます。

でも実は、「お茶」=「伝えたいこと」ではないのです。「お茶」を伝えても、パーセプションチェンジは起きません。

この場合、「お茶」は「伝えたいこと」ではなく、「テーマ」です。**「伝えたいこと」は、そのテーマからブレークダウンして導き出されるものです。**

まずは、「お茶」というテーマから、伝えたい要素を分解していきます。

図03をご覧ください。お茶というテーマから、お茶の「味」「値段」「キャンペーン」「成分」「歴史」「品質」「製造工程」がブレークダウンされていますね。この各要素が、すなわち「伝えたいこと」です。「伝えたいこと」を抽出したときの図が、しっかり頭の中で描けていないと、プレゼンは絶対に失敗します。

テーマに関することを、とりあえずいろいろ調べてきました、それを全部、時間内に話し切りました、というプレゼンになってしまうのが一番ダメなのです。

重要なのはここから先です。**これらの「伝えたいこと」のうち、相手のパーセプションチェンジを起こすには、どれを伝えなければならないかを考えます。**

たとえば今回の相手が、「値段」と「キャンペーン」については、すでによく知っているのなら、その2つは伝えなくてOKです。

しかし、「味」や「品質」、それから「成分」「製造工程」「歴史」については全然知らない、ということなら、それらは絶対伝えるべきです。それこそがパーセプションチェンジのために必要な要素です。そして、抽出したそれぞれの要素に優先順位をつけます。

「味」を知らないから買わないでいる人に、「値段」の話ばかりしても意味がありません。この場合、「値段」に対するパーセプションはもう変化させなくていいのです。ネックに

図03 テーマから伝えたいことをブレークダウンする

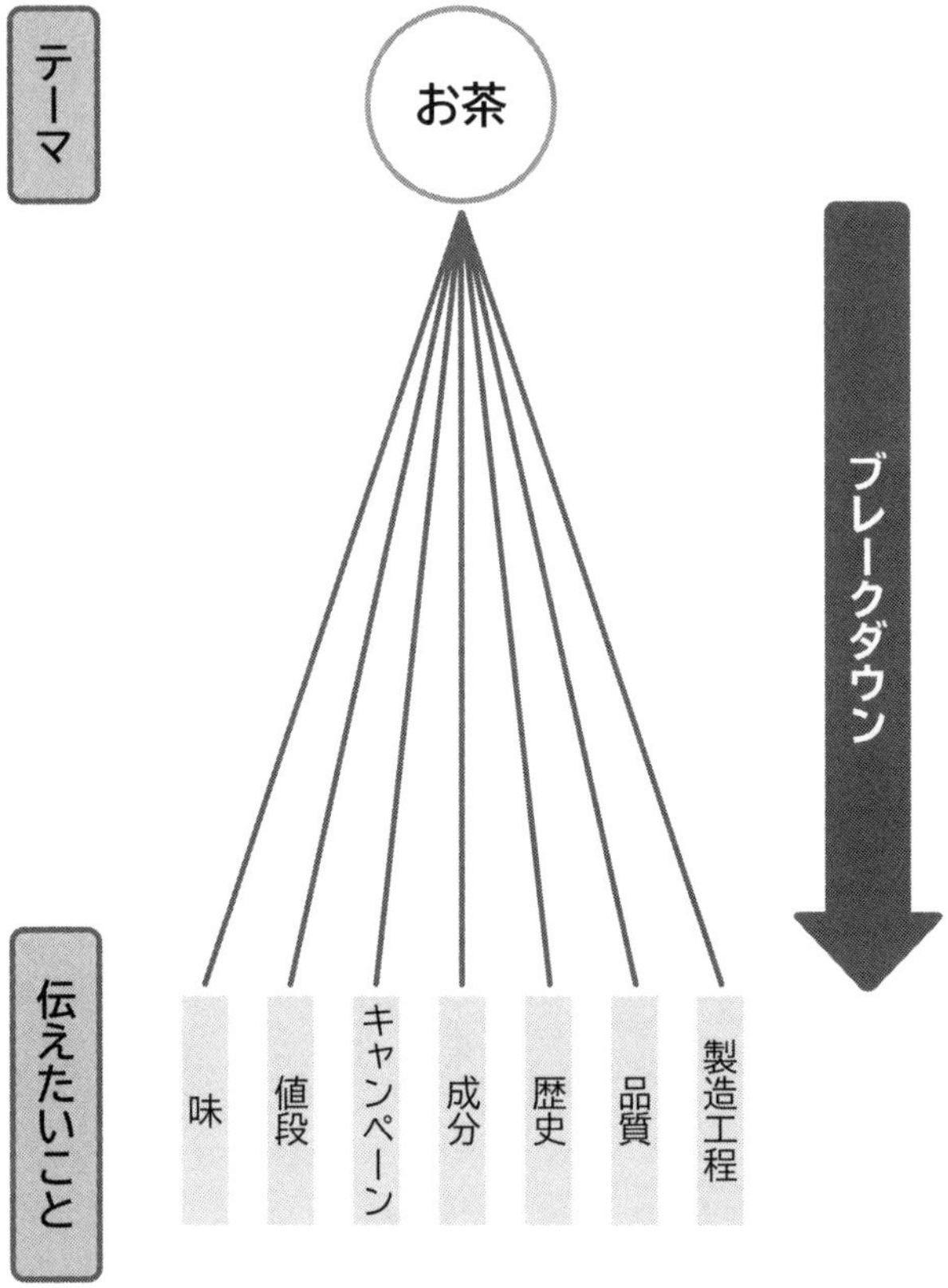

■「お茶」は伝えたいことではなく、テーマ
■テーマに含まれる要素をブレークダウンしたものが、パーセプションチェンジに必要な「伝えたいこと」

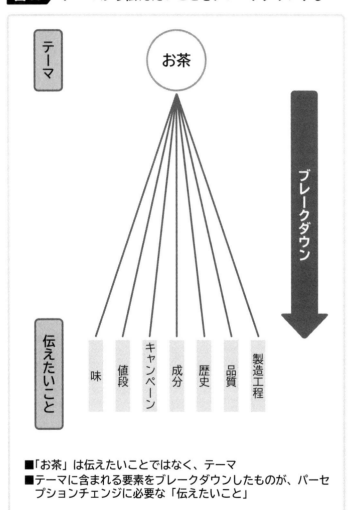

なっているのは「味」や「品質」などに対するパーセプションなので、そこを変えていくということです。

相手に何を届けたら、相手の心を動かすことができるか。それを考えてください。

実は、ここで抽出した「伝えたいこと」は、「自分がアピールしたいこと」ではないのです。あくまでも、**「相手が興味を持つこと」**です。だから、自分のことよりもまず相手を知ることが大事なのです。

「伝えたいこと」が伝わる表現方法

次に、「伝えたいこと」をどう伝えるか、その表現方法を考えます。

表現方法は、写真や表やグラフだけでなく、動画でもいいし、商品のデモンストレーションでもかまいません。たとえば前述のお茶のプレゼンなら、こんな感じです。

図04 伝えたいことに合わせた表現方法を考える

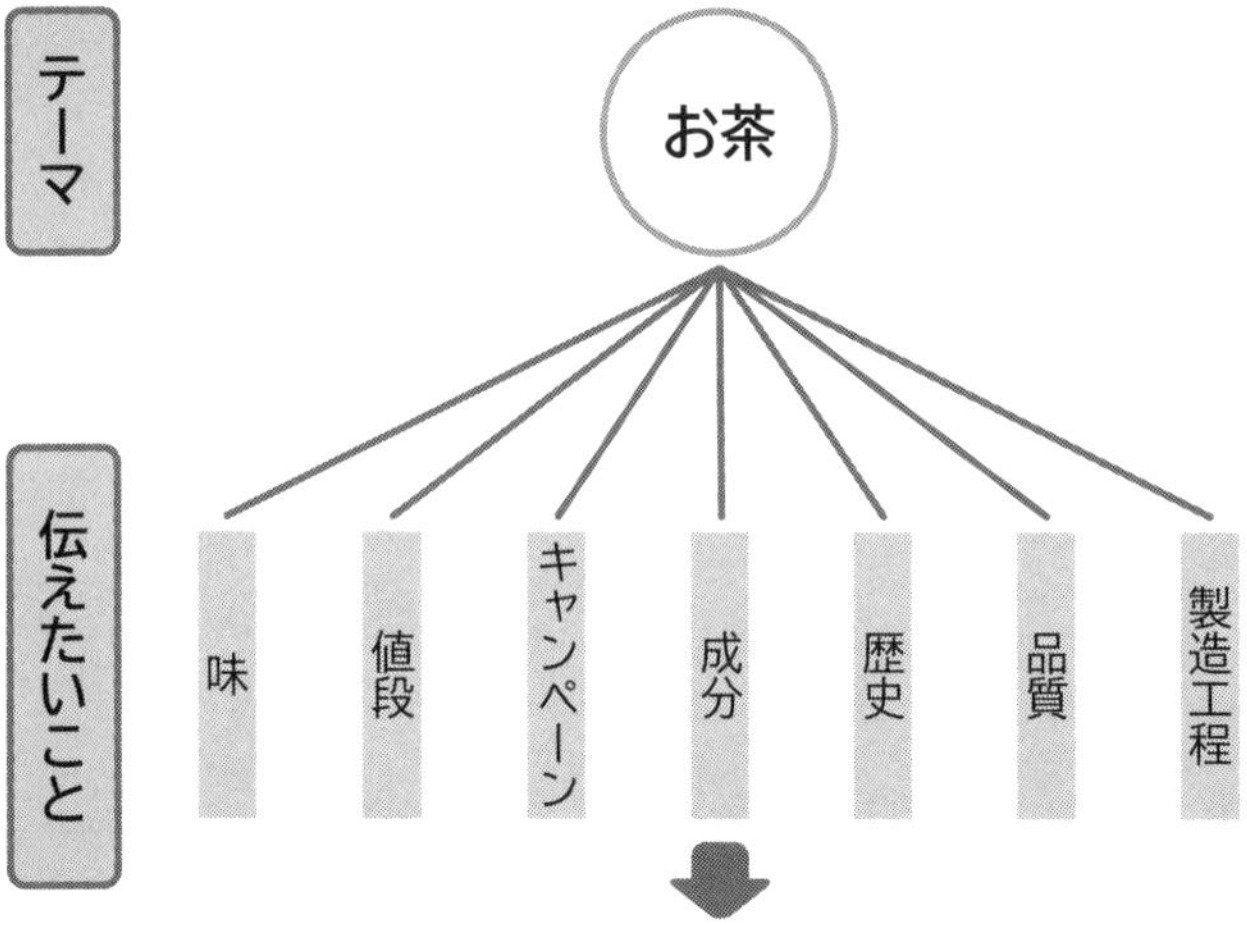

表現方法

伝えたいこと	表現方法	優先順位
味	商品を試飲してもらう	①
値段	PowerPoint 1枚	⑥
キャンペーン	PowerPoint 1枚	⑦
成分	データを円グラフにする。PowerPoint 1枚	③
歴史	年表をPowerPoint 2枚	⑤
品質	データを円グラフにする。PowerPoint 1枚	②
製造工程	工場の写真を撮影する。PowerPoint 2枚	④

表現方法、社内の協力者も考えながら、
プレゼンのフレームを組み立てる

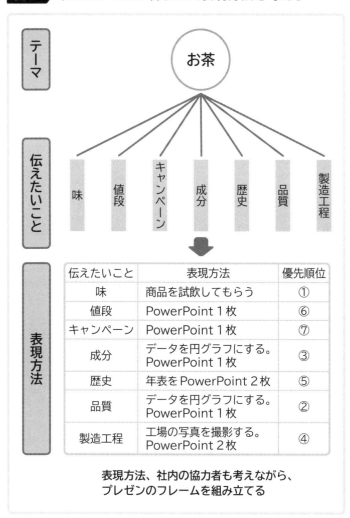

- 「製造工程」の説明は、工場の写真を5枚ぐらい撮って、PowerPoint 2枚
- 「品質」と「成分」は、それぞれデータを円グラフにしてPowerPoint 1枚
- 「味」については、実際に飲んでもらうのが一番なので、商品の現物を持って行って試飲会をする
- 「歴史」は年表でPowerPoint 2枚
- 「値段」と「キャンペーン」については、あまり重要ではないので、PowerPoint 1枚の付録をつける

こうして表現方法が決まれば、製造工程は工場長に、味については茶葉のブレンドを手掛けたマイスターに説明してもらおう、というふうに、誰に協力を依頼するかもおのずと決まりますね。このようにしてプレゼンのフレームを組み立てます（図04）。

DAY1で必ずやっておきたいのはここまでです。ここからやっと、それぞれの表現で使用する道具や資料、スライドなどを準備する段階に入ります。

会場や機材のチェックをする

プレゼンの会場や設備、使用する機材についても、このＤＡＹ１の段階で、できるだけ確認しておきたいところです。

会場に演台やマイク、プロジェクターはあるのかといった物理的なことは、早い段階でクリアにしておくに越したことはありません。前日や当日になってプロジェクターがないとわかっても、直前では用意が間に合わないこともあります。事前に解決できることは、なるべく早めに手を打っておいたほうが安心です。

私は、可能な限り会場の下見をします。自分で行くのが難しい場合は、代わりの人に行ってもらうなどして写真で確認します。機材はもちろん、客席との距離感や客席の並び方などもチェックします。もし足を運べるようでしたら、実際に会場に行ってみることをおすすめします。

プレゼンの順番は最後が有利

複数人のプレゼンが連続して行われる場合は、**自分が何番目にプレゼンをするのかという順番も重要です。**

私は、自分の直前のプレゼンで、誰がどんな話をするかということを気にかけます。それを知っていると、会場の空気の流れを断ち切ることなく、自分のプレゼンに参加者を引き込むことができて、すごくやりやすくなるからです。

前の人が話したことを、自分のプレゼンで「引用」するというテクニックも使えます。このテクニックについても、DAY4であらためてお話しします。

自分の前に誰が何を話すかは、プログラムでも確認できますし、可能なら当日、早めに会場に入っておけばその場で聴くことができます。会場入りがギリギリになるなら、ほかの人に頼んで聴いておいてもらいます。これは、エグゼクティブの人たちがプレゼンで必ずと言っていいほど実践していることの1つです。

また、**プレゼンの順番は、最後が圧倒的に有利です。**人間心理として、最後に聴いたプレゼンが一番印象に残るし、最後にプレゼンする人は、それまでのプレゼンを踏まえた上で、差別化ができますからね。

プレゼンコンテストでも、やはり審査員が聴き慣れてきて、会場も盛り上がってくる後半のほうが、高い点数が出やすくなる傾向があります。

プレゼンコンテストでは、公平性を保つため、順番はくじ引きで決めることが多いのですが、ビジネスのプレゼンなら、事前の交渉しだいで順番を選べるはずです。調整が可能であれば、順番は最後にしてもらいましょう。

さて、準備初日のDAY1、いかがでしたか？　プレゼンで誰をどう動かすのか、そのために何を伝えるかが明確になったと思います。DAY2ではいよいよ、相手を動かすシナリオづくりに取りかかります。

DAY 2

シナリオは話しやすい順に構成する

「起承転結」を捨てる

DAY2では、どんな構成でプレゼンを構築するかのシナリオをつくっていきます。

シナリオといえば、「起承転結」。多くの人はそう考えます。

みなさんもご存知のように、起承転結は普遍的で重要な物語構造です。物語をつくるうえで世界共通で大切にされています。でも、ここでは映画のシナリオや小説を書くわけではありません。

プレゼンのシナリオをつくる上では、起承転結にこだわり過ぎないことが大切です。

理由は3つあります。

1つ目は、**起承転結には「正解がない」**からです。

どんな起承転結も、言ってみれば「つくった本人が勝手に考えたストーリー」でしかありません。だから、万人を納得させられるわけではない。

そのわりに、起承転結の流れを考えるのは、かなり大変です。いくら考えても正解がなく、相手が受け入れてくれるかどうかもわからないものに、やみくもに時間と労力を費やすのは効率的とは言えません。

2つ目の理由として、最近では起承転結型ではないプレゼンが多くなっています。

「今回のご提案は○○です。ひいてはこういう回答をいただきたい。理由は～」

のように、**先に結論を述べる「結論先行型」が主流になりつつあります。** 海外ではとくにそれが顕著です。

最近は、プレゼンの時間をより短くする傾向があるので、先に結論を急いだほうがいいでしょう。それに、エグゼクティブの人たちはたいてい、冗長なプレゼンを好みません。「で、結論は？」「言いたいことは何？」と、結論から先に聞きたがります。起承転結は、そういう点でも不利です。

3つ目は、**既存のスライドを使い回しづらくなる**からです。

実際の業務においては、プレゼンのスライドにせよ企画書にせよ、ゼロから準備するというよりは、以前に自分がつくったものや、すでに社内にあるものに手を加えて使用するというケースが多いと思います。

そうするほうが、生産性が高いからです。そして、既存のスライドは、得てして起承転結など考えてつくられていないことが多いものです。生産性を上げるために既存のスライドを流用するのに、それをわざわざ起承転結に結びつけようと手間をかけるのは、本末転倒です。

何より、プレゼンは楽しくなければいけません。起承転結に縛られるより、**自分が一番楽しく、話しやすい順番で構成したほうがいい。**そのほうが、話すほうも聴くほうも心地よいプレゼンになります。

それでは起承転結ではなく、どのような順番にすればいいのか。そこでご紹介したいのが、「大きい話から小さい話」という順番です。

シナリオは大きい話から小さい話へ

ＤＡＹ1では、プレゼンの「テーマ」からブレークダウンして、「伝えたいこと」を抽出しました。そして、それをどの順番で話すか、優先順位をつけてもらいましたね。優先順位をつける基準は、何でもかまいません。相手の関心が高そうな順、相手のパーセプションチェンジが必要な順、あるいは自分がよく知っている順、好きな順とか、話しやすい順でもいい。ただ、それが何の順番であるかを必ず説明できることが重要です。何でもいいとは言いましたが、理想的な順番はあります。

話す順番の理想は、**「大きい話から小さい話」**です。

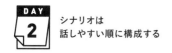

詳しく説明していきましょう。たとえば、あなたが「卓球」について話したい場合、いきなりピンポイントで卓球の話から入ると、卓球に興味のない人は、その時点で離れていってしまいます。

そこで、間口をより広めに取って、「球技」の話から入ります。それでもこぼれる人が多そうなら「スポーツ」の話。もっと広げて「健康」の話から入れば、大多数の人の関心にヒットするはずです。

つまり、この場合なら「健康」→「スポーツ」→「球技」→「卓球」の順に話を進めるほうがいい。**より多くの人が関心を持つ話題から、徐々に狭めていく、あるいは下げていく**わけです。そうすることで、話を聴かなくなる脱落者を最小限に保ったままプレゼンを進めることができます（図05）。

DAY1で例にした「お茶」のプレゼンなら、抽出した「伝えたいこと」のうち、より多くの人が関心を持ちそうな「味」や「歴史」から入って、「品質」や「生産工程」に進んで行くほうがいい、ということになります。

さて、ここからみなさんにシナリオの型で大切な3つのパターンをお伝えしましょう。

西脇流シナリオの型① プレゼンの黄金比は「3対7」

大事な原則をお伝えします。

図05 話の順番は大から小へ

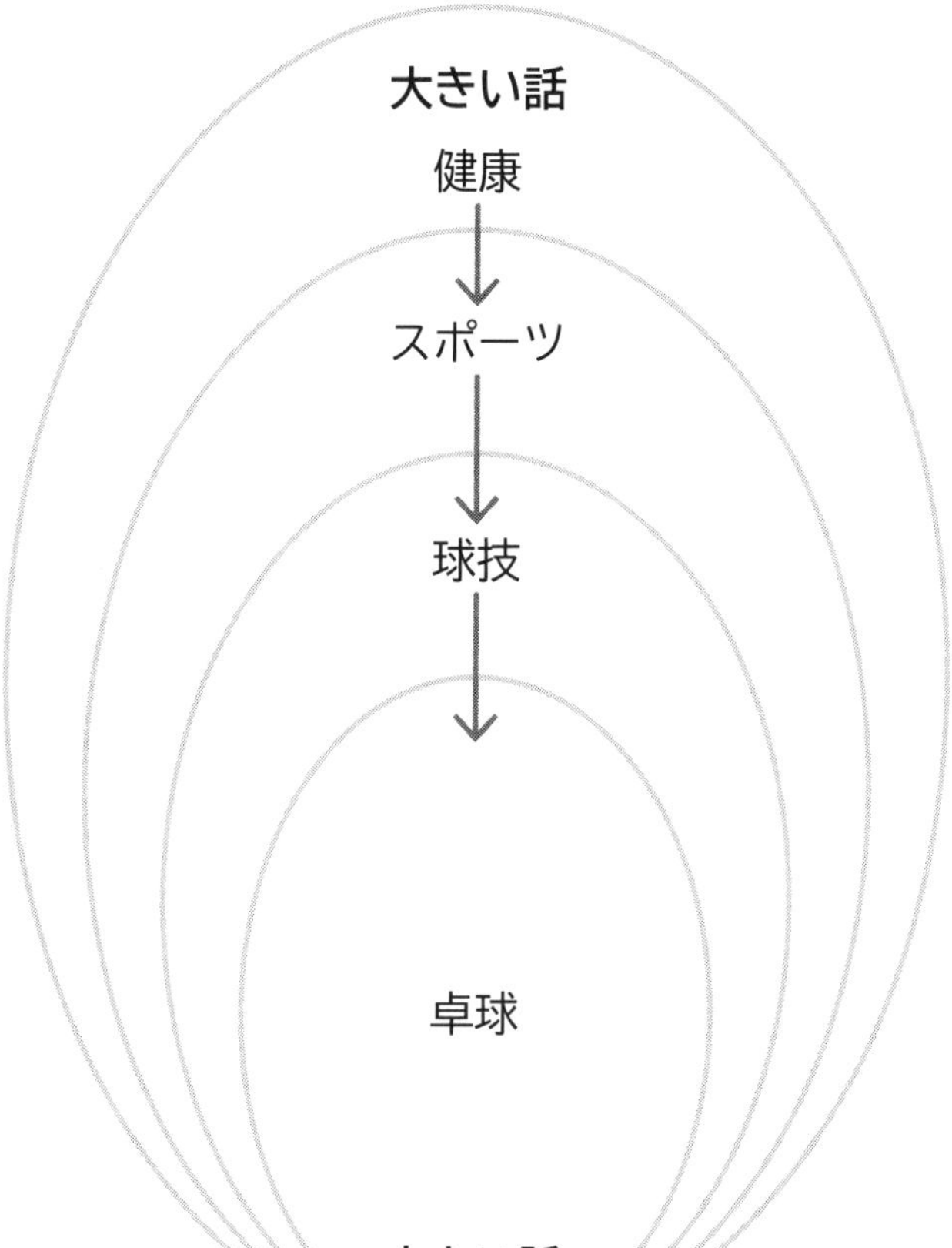

多くの人が関心を持っていそうな話題から話しはじめ、徐々に個別の話にしていくと、聞き手がプレゼンから逃げない

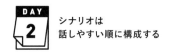

プレゼン時間のうち、本題の話にあてるのは、後半の7割です。

では、前半の3割で何をするかというと、この時間で**「合意形成」**を行います。「このプレゼンを行う理由」について、相手の合意を取っておくのです。

具体的には、以下の4点について合意を取ります。

- **なぜこのプレゼンを行うのか**
- **なぜこのプレゼンが重要なのか**
- **なぜ「私」はあなたにこの話を届けているのか**
- **なぜ「あなた」はこの話を聞かなければいけないのか**

実際にやってみましょう。

なぜこのプレゼンを行うのか
「東京では、今から3年後の2020年にオリンピック、パラリンピックが開催されます。その影響もあって、健康志向が強まっています、今日は、その健康の話をみなさんにお届けしたいと思います」

なぜこのプレゼンが重要なのか

「健康は、私たちが生きる上でとても重要です。健康こそ人生を決定づけるものと言っていいでしょう」

なぜ「私」はあなたにこの話を届けているのか

「ちなみに私は、健康のアドバイザーとして20年活動している、健康のプロフェッショナルです」

なぜ「あなた」はこの話を聞かなければいけないのか

「みなさん、最近体調が悪いと感じることもおありではないかと思います。今日はそのようなご相談でこちらにいらしていると思いますので、さっそく話を進めましょう」

5分など、よほど短時間のプレゼンでない限りは、こんなふうに、**本題に入る前に合意形成の時間を取ってください。**

合意形成がなぜ必要か。ここで合意を取っておかないと、途中で話を聴かなくなったり、寝てしまったり、聴いていても頭に入らない人、つまり、**プレゼンから「逃げる」人が**

図06 本題に入る前に合意形成

シナリオの黄金比は３：７

合意形成 ３割	本題 ７割

合意形成＝課題提起とその回答
❶なぜこのプレゼンを行うのか
❷なぜこのプレゼンが重要なのか
❸なぜ「私」はあなたにこの話を届けているのか
❹なぜ「あなた」はこの話を聞かなければいけないのか

合意形成をしないと聞き手が逃げる

合意形成がないと、聞き手にとってプレゼンを聴く必要性が感じられず、プレゼンから逃げる人が出てくる

出てくるからです（図06）。

最近はテレビ番組でも、冒頭でこの「合意形成」をする構成になっていることがよくあります。みなさんも思い出せると思いますが、いきなり特集のコンテンツに入るのではなく、なぜそのテーマに取り組んだのか、なぜそれを今、視聴者が知っておく必要があるのかについて触れる。そうしないと、途中でチャンネルを変えられてしまうのです。

プレゼンも同じです。冒頭で合意形成をしないまま進めると、「なんでこの話を聞かなきゃいけないんだろう？」「この話、そんなに重要じゃないよね？」「ところでこのプレゼンター、いったい誰なの？」「このプレゼン、別に自分じゃなくて、課長に聞いてもらえばよかったんじゃない？」という具合に、相手の頭の中で、前述の4点全部にクエスチョンマークがつきます。相手がこの4点について「腹落ち」していないから、逃げられてしまうのです。

そうならないために、冒頭であらかじめ合意を取っておく。あえて言うなら、**合意を半ば強制的に「取りつけてしまう」**ということですね。

西脇流シナリオの型② 「ホラーストーリー」が効く

プレゼンのストーリー展開には2種類あります。**「サクセスストーリー」**と**「ホラーストーリー」**です。

「サクセスストーリー」は、その商品やサービスが「あるとどんなにいいか」をアピールするものです。

たとえばスマートフォンの格安ＳＩＭについて、

「これに差し替えるだけで、月々の通信料金が２０００円になります。安いんです」

と伝えるやり方です。多くの人は、このサクセスストーリーでプレゼンを進めたいと考えがちです。

私のおすすめは、**「ホラーストーリー」**です。

ホラーストーリーとは、**そのものが「ないとどんなに怖ろしいか」**を訴えるものです。

「この格安SIMを使わないと、通信料金を毎月1万円近くも払い続けることになるんですよ。年間12万円ですよ。それを抑えるにはこれが必要なんです」

という伝え方ですね。

つまり、それが「いかにすばらしいか」ではなく、「なぜ必要か」を伝えるのがホラーストーリーです。

サクセスストーリーはいいことばかり言うけれど、その「いいこと」は、チラシにもカタログにも書いてある。わざわざプレゼンで伝える必要はないんです。「いいこと」ばかりアピールするのは、押し売り以外の何ものでもありません。「サクセスストーリー」のシナリオを全面否定するつもりはありませんが、商品の魅力やすばらしさなど、あまりにプラスの情報ばかりだと、押しの強い印象で少し怖いですね。アピールし過ぎにならないよう、多少謙虚なスタンスがいいと思います。

それよりも行うべきは、「なぜあなたにとってそれが必要なのか」という、相手の状況を解説してあげることです。それがホラーストーリーです。

だからホラーストーリーは、相手によって伝えるポイントが違うものになる可能性があります。相手が何に困っているのか、何が大変だと感じているのか、何に悩んでいるのかを知った上で、あるいはそれを想定した上で、ホラーストーリーをつくり上げたほうがいいのです。

秀逸なホラーストーリーの例が、元プロテニス選手の松岡修造さんが出演している、消臭スプレー「ファブリーズ」のCMです。

あのCMシリーズでは一貫して、「このスプレーで消臭ができる」といったことは言っていません。松岡さん演じる父親とその息子たちが、汗だくで帰宅してゴロゴロしたり、母親に隠れて盛大に焼き肉をしたりして、カーペットやソファやカーテンなど、容易に洗えないものを臭くする、その惨状がひたすら描かれます。

そして最後の一瞬、スプレーをシュッと吹きかけて臭いが消える。つまり、ファブリーズがどんなにいいものかではなく、何を改善するかを説明しているのです。「こんなことになって大変ですね、困りますね、だから解決策が必要ですね、それがこれです」という伝え方です。

自動車のＣＭでも、「両手が荷物でふさがっていてドアが開けられない。困った！　そんなときでも、ハンズフリーのセンサーで開けられます」といったパターンがありますよね。大事なのは**「なぜ必要なのか」というシチュエーションと、それをいかに相手に伝えることができるかです。**

サクセスストーリーでどれだけすばらしさを教えられても、それが自分に必要のないものなら、切実に手に入れたいとは思いません。

でも**ホラーストーリーなら、これこそ自分に必要だと「腹落ち」させることができるのです。**

別の言い方をすると、サクセスストーリーは自分のことを説明している。それに対して、ホラーストーリーは相手のことの説明ですね。これが大きな違いです。

西脇流シナリオの型③　「シンメトリック」でまとまった話に

3つ目にうまいプレゼンと思わせる、とても簡単なテクニックをご紹介しましょう。それは**「話の最初と最後をリンクさせる」**ことです。これを**「シンメトリック」**と言います。シンメトリック、「対称」という意味ですね。女性はファッション用語としてご存知の方も多いでしょう。

プレゼンの最初に触れた話題や使ったキーワードを、最後にもう一度呼び起こすというもので、TEDのプレゼンでも非常によく使われている、有名な話法です。

正解のないシナリオの中身を何度も何度もこねくり回さなくても、ただ最初と最後を一致させるだけで、話がまとまっているように感じさせることができるのです（図07）。

具体的な例を2つ挙げましょう。

1つはTEDで2013年に、当時10代だったアメリカ人の少年、ジャック・アンドレイカが行ったプレゼンです。わずか15歳にして、すい臓がんの早期発見を可能にする有望な方法を開発した彼が、その経緯を語ったこのプレゼンは、大変評判になりました。

最初の約30秒間で彼は、13歳のときに自分の叔父をがんで亡くした経験を語ります。**すい臓がんのことを何も知らなかった彼**が、叔父の死をきっかけにインターネットで情報を調べ、その死亡率の高さに衝撃を受けたというエピソードです。

そこから研究開発について語ったあと、最後に再び、「**すい臓がんのことを何も知らなかった少年**が、検査方法を発見できたということを想像してほしい」と語りかけて締めくくります。最初のエピソードと最後のメッセージがリンクしているので、話がまとまっている印象を受けます。

もう1つは、アメリカの歌手・マドンナが2009年に行った、マイケル・ジャクソンへの追悼スピーチです。

冒頭で彼女は、マイケル・ジャクソンの子ども時代と、自らのそれを重ね合わせながら語り始めます。そしてマイケルの業績や、2人の交流エピソードなどについて語ったあと、最後に、彼女の幼い子どもがマイケルに夢中になっていることを語り、彼の偉大さは不滅であることを示唆してスピーチを終えます。

かつての「子どもだった自分たち」から語り起こし、未来に向かう「自分の子どもた

図07 最初と最後の話をリンクさせる「シンメトリック」

■最初にした話と最後にする話を関連づけると、プレゼンにまとまりが生まれる
■最後に「一番最初にお話ししたように」と語りかけるのもよい

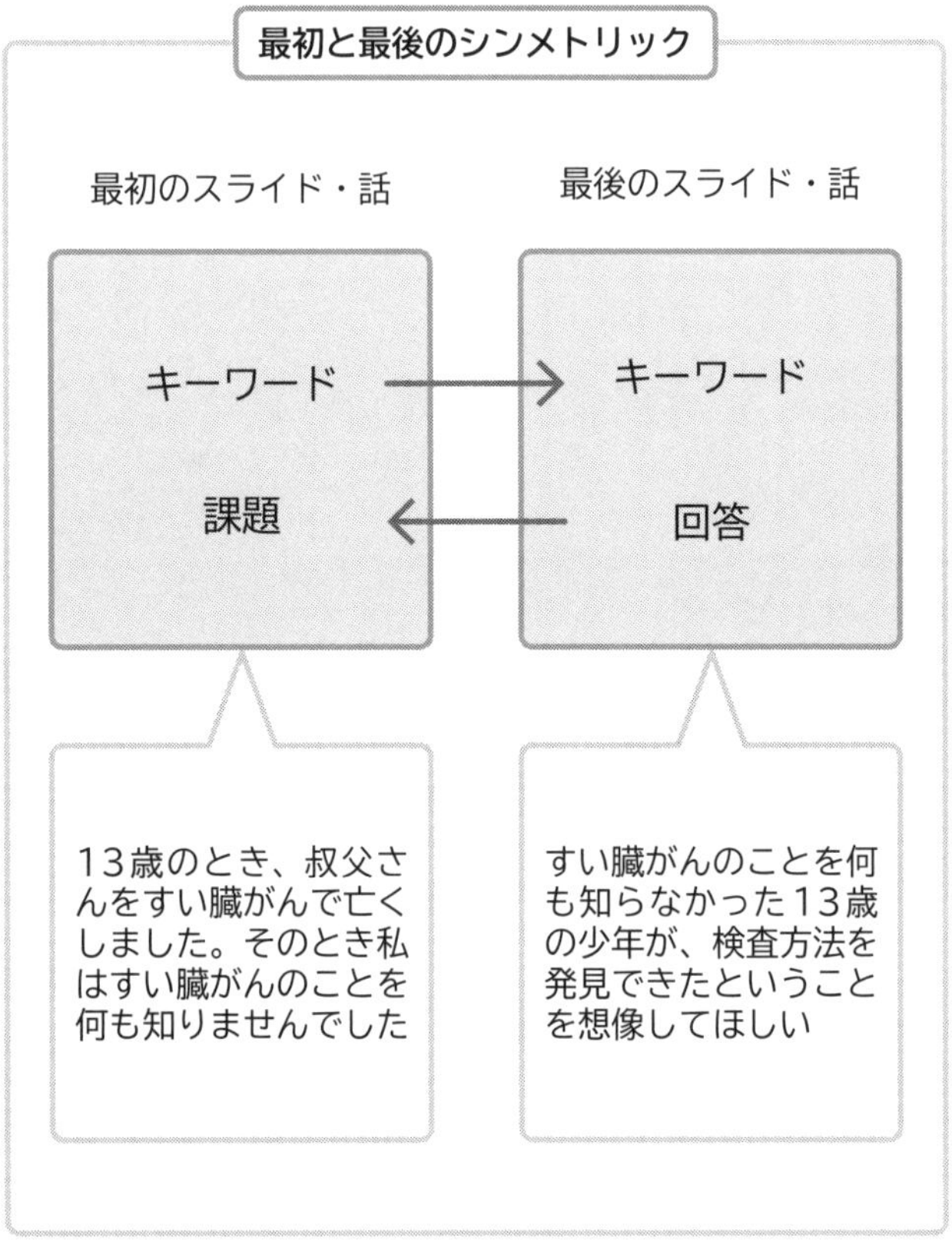

ち」の話で結ぶことによって、スピーチ全体が印象深く、感動的なものになっています。「シンメトリック」は、必ずしも最初と最後でまったく同じ話をする必要はなく、このマドンナの例のように、**関連のあるキーワード（この場合は子どもの話）で結ぶだけでもいいのです。**これなら、起承転結を考えたりするより、ずっと簡単ですよね。

内容をA4の紙1枚にまとめる

ここまででシナリオの原則をご理解いただけたと思います。それでは、実際にシナリオをつくっていきましょう。

シナリオをつくるにあたっては、まず「何を話したいのか」を、簡潔に整理することが必要です。

まずはPowerPointではなく、Wordかメモアプリを立ち上げて、**A4の紙1枚程度、1000字前後ぐらいで、内容をさくっと書き出してみるところから始めてください。**

そもそも、A4の紙1枚程度で説明できないものは、プレゼンで説明できないと、私は思っています。

どんな書き方でもかまいません。文章でもいいし、箇条書きでもOKです。あるいは、PCではなくホワイトボードや紙を使い、DAY1で「伝えたいこと」を抽出したときの図を描きながらまとめるのがわかりやすいと思います。

このとき、注意したいことがあります。プレゼンで話す言葉を、ありのまますべて文字にして台本をつくってしまう人がいます。

それはできれば避けてください。話すことを文字にしてしまうと、それをとにかく暗記して話すことに終始してしまうからです。

結婚式の祝辞でも、せっかくいい話なのに、それを紙に書いてきたばっかりに、書かれた文字を読み上げるのに必死になってしまい、退屈なスピーチに聞こえてしまうケースがよくありますよね。プレゼンがそうなってはもったいない。自分が話したいことを、そのまま話すのが一番いいでしょう。

スライドの素材を揃える

さて、このDAY2で、シナリオができました。翌日のDAY3では、いよいよスライドづくりに突入します。

その前に、**DAY2の最後に、素材集めを始めておきましょう。**

- **自分やチームが過去に使ったスライドや、社内にストックしてあるスライド**
- **インターネット上の情報、画像、写真、イラスト、データ**
- **取引先や社内の営業担当者などから、ヒアリングして得た知見や情報**

など、**素材になりそうなあらゆるものを、まずは形式にこだわらず、手元に集めます。**

私の場合、それらの素材を、WordやPowerPoint、Excelなど形式を問わず、いったん全部1つのフォルダにまとめておきます。そして一度すべてに目を通し、頭の中で情報を整理します。

といっても、この段階では非常にざっくりとした整理です。それぞれの素材が、DAY

1で抽出した「伝えたいこと」のうち、どれに該当するものなのか、ぱらぱらとマッピングする程度です。

集めた素材を、それぞれの「伝えたいこと」に当てはめ、不要なものは削除したり、かぶっているものは整理します。これぐらいまで手をつけておくと、DAY3でスライドの見出しや目次もつくりやすくなります。

DAY 3

伝わりやすく、目線を誘導できるスライドをつくる

13 文字で素材を整理する

スライドづくりには、素材を集めるフェーズと、その体裁を整えるフェーズの2段階があります。

DAY2の終わりで、素材集めに着手しました。DAY3では、まず集めた素材を整理していきましょう。

自分自身や社内のストックにあるスライド（PowerPointのファイル）、商品画像やカタログのPDFデータ、マーケットの調査資料、インターネット上の画像や動画、イラストなど、リーチできる情報を可能な限り揃えます。

この話をお伝えすると最近は、「たいていの情報がインターネット上にあって、いつでもアクセスできるから、この段階ではあえて手元に確保しなくてもいい」と考える人も多いと思います。でも、**情報量は多い方が確実に得をします。使える可能性のある材料はなんでも手元に集めましょう。**その中に無駄なものがあるかどうかは、あとで吟味すればいいのです。

次に、集まった素材がそれぞれ何についてのものなのか、**13文字以内で内容を分類・整理**していきます。実際のスライドや資料では1枚にたくさんの文字が書いてあったり、写真があったり、図表が入っていたりすると思いますが、たとえば「商品の過去の売り上げ」「お茶のおいしさのポイント」「原材料Aの含有栄養素」という具合に13文字以内で表現してみます（図08）。

13文字というのは、Yahoo! JAPANのトップページにあるニュースの見出し文字数と同じです。すなわちスマートフォンやガラケーの画面でも、改行せずに1行でおさまる文字数です。ひとつひとつのスライドや資料が13文字にまとめられるように整理されていないと、あまり意味がない資料で、うまくまとまっているとはいえません。

その13文字の見出しをすべて書き並べてみると、どんな材料があるかが一覧できて、プレゼンで話す内容も考えやすくなりますよね。この作業をやっておくと、シナリオの組み立てやスライドの構成にも役立ちます。

図08　13文字以内で素材を整理する

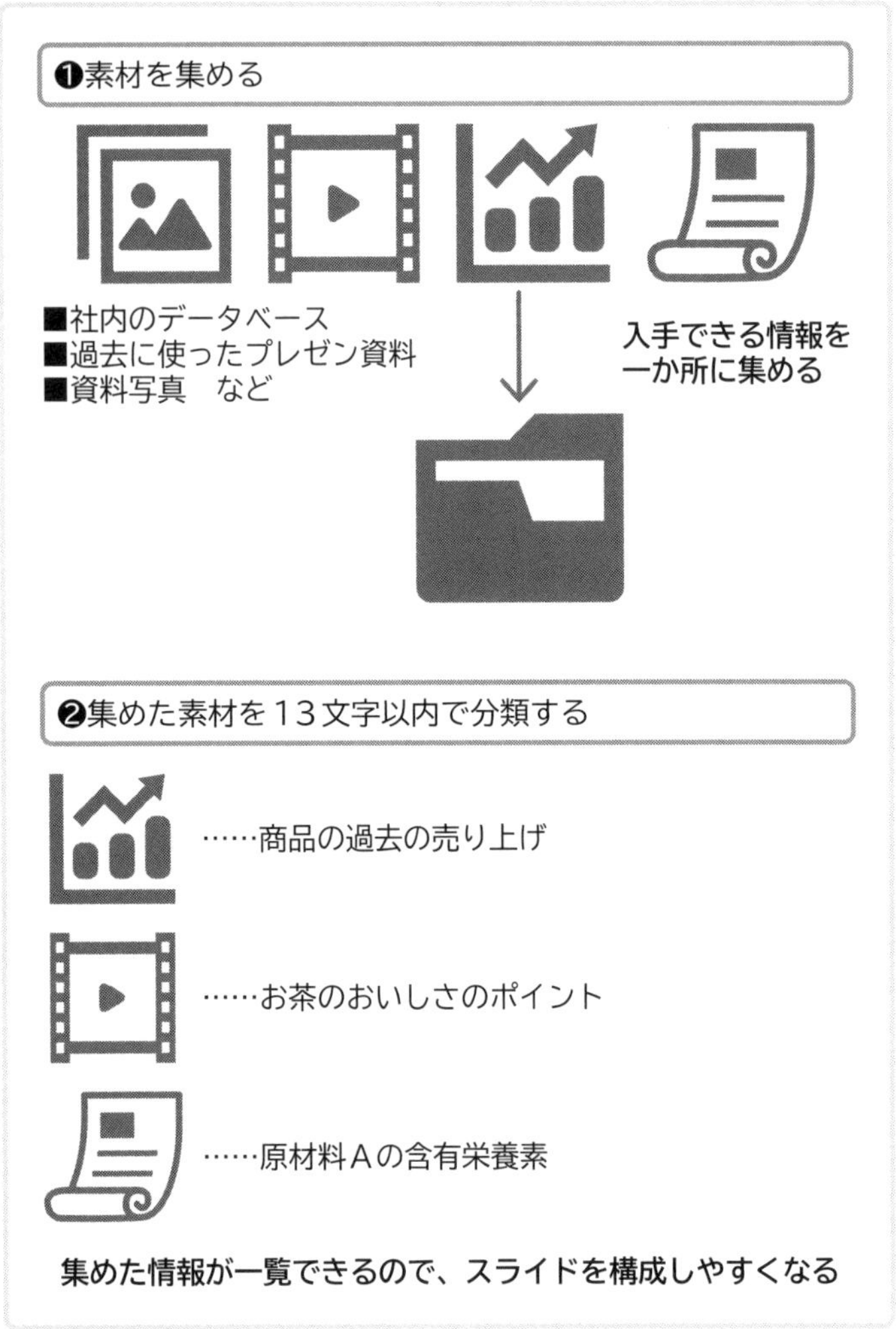
❶素材を集める
■社内のデータベース
■過去に使ったプレゼン資料
■資料写真　など
入手できる情報を一か所に集める
❷集めた素材を13文字以内で分類する
……商品の過去の売り上げ
……お茶のおいしさのポイント
……原材料Aの含有栄養素
集めた情報が一覧できるので、スライドを構成しやすくなる

目線を制するものはプレゼンを制する

伝わりやすいスライドにするために、何より配慮すべきことは、文字の大きさでも、スライド1枚あたりの情報量でもありません。もっとも重視すべきことは何か？

それは、「**目線**」です。

プレゼンであなたが「A」についてしゃべっているときは、必ずスライド上の「A」の場所を相手に見てもらわなければなりません。

今、あなたが話している内容が、スライド上のどこにあるのか。そこに**相手の目線を誘導できないと、内容がしっかり相手に伝わりません。**逆に言えば、それができれば確実に伝わるということです。

プレゼンでは、「**自分が話している内容**」「**相手が聴いている内容**」「**相手が見ている内容**」**の3つを、可能な限り一致させることが鉄則です。**

人はスライドを見ながら話を聴いているとき、耳から入ってきた情報を、同時に目で探そうとします。

たとえば、スライド上の円グラフに書かれた「69％」という数値について説明する際は、口に出す数字も「69％」としなければいけません。「およそ7割」などと表現してしまうと、相手はスライド上の「69％」という数字を見てくれません。耳がとらえた「7」という数字が、スライド上のどこにも見あたらないからです。

相手の耳から入る情報と目から入る情報をきちんと一致させないと、目線の誘導ができません（図09）。

スライドづくりで最も気をつけなければいけないのは、**話している場所への目線誘導がスムーズにできるようになっているかという点です。**

「右上の青色の円グラフをご覧ください」「左下に書かれているコメントですが」のように、どこに何があるかを言葉で示したら、瞬時にスライドの該当する箇所を見てもらえるような、できるだけシンプルな配置を心がけてください。

図09 見ている情報と聴いている情報を一致させる

**話している内容＝相手が聴いている内容＝見ている内容
３つの情報を一致させることが、プレゼンの鉄則！**

３つの情報がバラバラだと

耳で聴いた「7」をスライド上で探してしまい、プレゼンで伝えたいことが伝わらない

３つの情報が一致していると

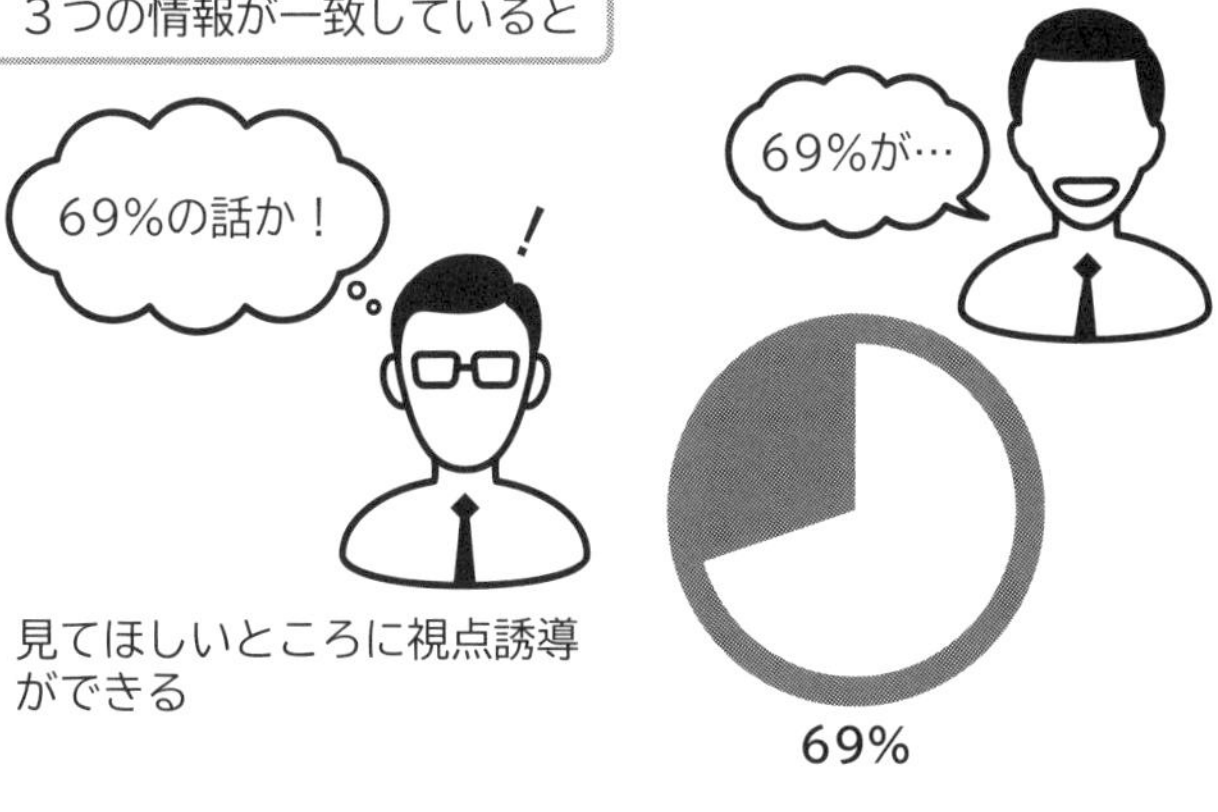

見てほしいところに視点誘導ができる

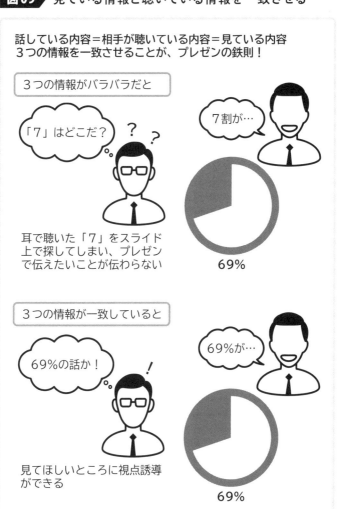

伝わりやすいスライドにするテクニック

それでは、PowerPointを使ってスライドづくりを進めましょう。

スライドは少しの工夫で伝わり方が大きく変わります。そのテクニックをご紹介していきます。

色は4＋1色まで

まずは、スライド全体に関わる話からお伝えします。**スライドで使う色は、原則として4色まで**に抑えます。

スライドの地の色が白で、基本の文字色が黒なら、これですでに2色ですから、彩色として使えるのは2色ということになります。どうしても強調したい文言やマークがある場合は、もう1色まではプラスしてもいいでしょう。

たとえば緑なら、淡い緑や濃い緑など、そのグラデーションも含めて1色と考えます。

ですから、**色の表現を増やしたい場合は、色数ではなくグラデーションで増やして**ください。

話を聴きたくなるタイトルに

プレゼンのタイトルは、自分が話す内容ではなく、**相手がそれを聴いて何ができるのか**を表現したものにします。

たとえば、アルツハイマー病について研究したことをプレゼンする場合「アルツハイマー病について」ではなく、「アルツハイマー病は**予防できる**」「いますぐアルツハイマー病を**改善させる**方法」のように相手の行動を入れましょう。

タイトル自体を変えたくない場合は、「アルツハイマー病について〜●●するだけで予防できる」のようにサブタイトルをつけ、そこに相手の行動を入れます。

タイトルスライドこそかっこよく

スライドの1枚目、タイトルスライドはとても重要です。なぜか？ **相手が目にする時間が一番長いものだからです。**

プレゼン開始前には、画面にタイトルスライドがずっと表示されています。スライドを印刷した資料を配布する場合は、タイトルスライドが表紙になります。「表紙」が魅力的なら中身を知りたいと思うし、逆に味気ない表紙なら、あまり興味がわきませんよね。

タイトルスライドは、プレゼン全体の印象を決めるものと言っても過言ではありません。デザインに気を配り、できるだけかっこよく仕上げましょう（図10）。

「かっこいいデザイン」とはどのようなものか、お手本を見たい方は100ページでご紹介している「スライドシェア」というサイトをご覧ください。無駄な情報を入れず、イメージ写真を入れるなど、見栄えがいいものにしましょう。

図10 タイトルスライドの投影時間が一番長い

タイトルスライドに含めるべき内容

■タイトル
■サブタイトル
■日付
■会社名 ／会社ロゴ
■客先名／御中表示
■所属・役職・名前
■SNS アカウント／ URL など

■写真も含まれているといい
■「このプレゼンを聞きたい」と思わせる表紙にする

「おでこ」と「足元」はきれいに保つ

スライドの上下、**「ヘッダ」と「フッタ」に文字や画像が重なることのない**ようにしてください（図11）。

これらは、人間の身体でたとえるとヘッダが「おでこ」、フッタが「足元」になります。こうした場所は人目につくので、きれいにしていてくださいね。

ヘッダには、そのスライドが何を言っているのかわかる、ページタイトルを入れます。文言を体言止めにするなど、1行に収めましょう。

また、ヘッダには自社ロゴを入れることもあります。

フッタにはページ番号やコピーライト、自社名などを入れるのが一般的です。ただしページ番号は、入れたほうがいい場合と、入れなくてもいい場合があります。スライドを印刷して配布する場合は入っていたほうが親切ですが、画面で表示するだけの場合は、ページをスキップして説明したときに違和感が生じる可能性もありますので、入れなくてもいいでしょう。

図11 ヘッダとフッタはきれいに保つ

✕ 文字が重なっている

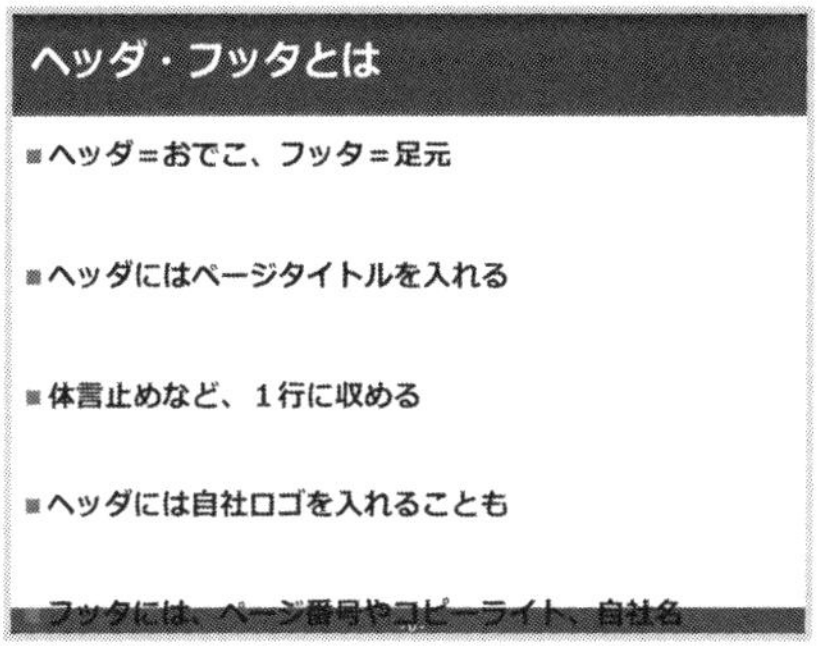
ヘッダ・フッタとは
■ヘッダ＝おでこ、フッタ＝足元
■ヘッダにはページタイトルを入れる
■体言止めなど、１行に収める
■ヘッダには自社ロゴを入れることも
■フッタには、ページ番号やコピーライト、自社名

■ヘッダ、フッタに文字を絶対にかぶらせない
■はみ出る写真は許される

◎ ヘッダとフッタに含めるべき内容

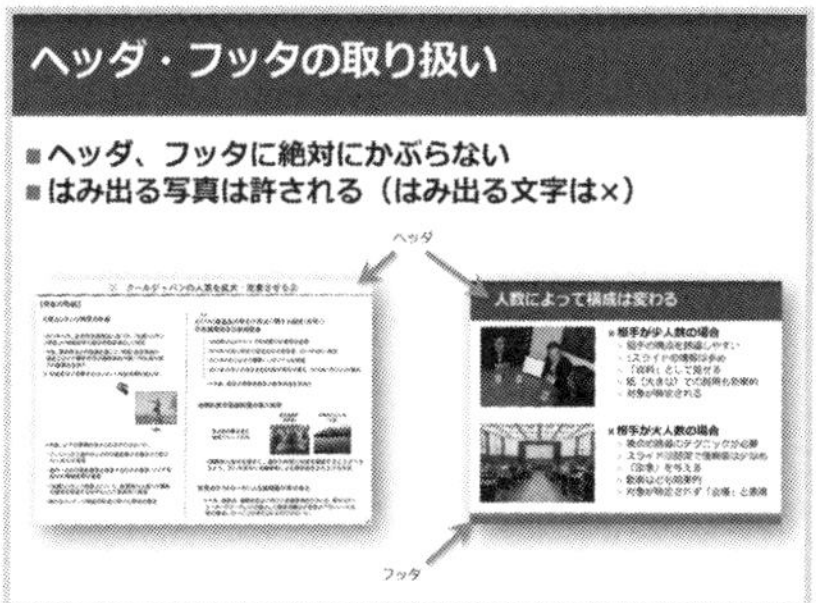
ヘッダ・フッタの取り扱い
■ヘッダ、フッタに絶対にかぶらない
■はみ出る写真は許される（はみ出る文字は×）
ヘッダ
人数によって構成は変わる
フッタ
©Motoaki Nishiwaki

■会社のロゴ／ページ番号／Copyright表示／対象者（客先、イベント地域）／ページタイトル

メリハリで見やすくする

単調な文字がぎっしり詰まっている画面は、聞き手の読む気を奪います。

文字を見やすく、文章を読み取りやすくするために大事な原則があります。

それは、**「メリハリをつける」**ことです（図12）。


強調したい文章は太字にして下線を引き、それ以外の部分は文字をやや小さくします。強調と非強調の差を激しくする、**「ステップダウン」**というテクニックです。

さらに、適度に空白行を入れます。ステップダウンと空白行、この２つの工夫だけで、文章や文字数はまったく同じでも、圧倒的に見やすくなります。

空白行を入れると、それだけ文字のスペースが削られます。画面にぎっしり文字を詰めた場合と同じ文章量を入れようとすると、必然的に文字が少し小さくなります。

文字を小さくすることに抵抗を感じる人が多いのですが、文字が大きければ見やすいというものではありません。それよりも「メリハリ」をつけるほうが断然、有効です。

図12 強調、ステップダウンでメリハリをつける

✕ メリハリがない

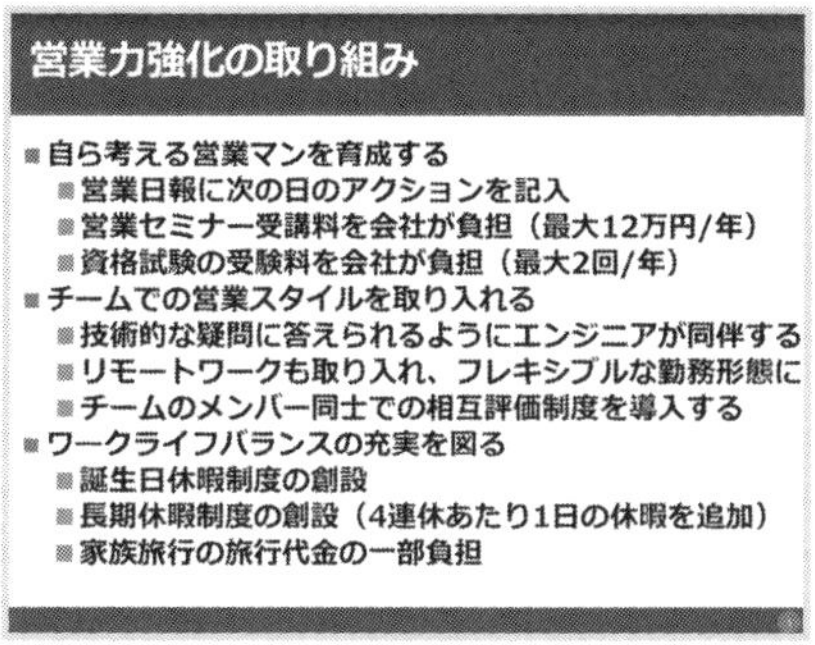
営業力強化の取り組み
■自ら考える営業マンを育成する
■営業日報に次の日のアクションを記入
■営業セミナー受講料を会社が負担（最大12万円/年）
■資格試験の受験料を会社が負担（最大2回/年）
■チームでの営業スタイルを取り入れる
■技術的な疑問に答えられるようにエンジニアが同伴する
■リモートワークも取り入れ、フレキシブルな勤務形態に
■チームのメンバー同士での相互評価制度を導入する
■ワークライフバランスの充実を図る
■誕生日休暇制度の創設
■長期休暇制度の創設（4連休あたり1日の休暇を追加）
■家族旅行の旅行代金の一部負担

■文字の大きさが同じで、画面いっぱいに文字が入っている

◎ メリハリがある

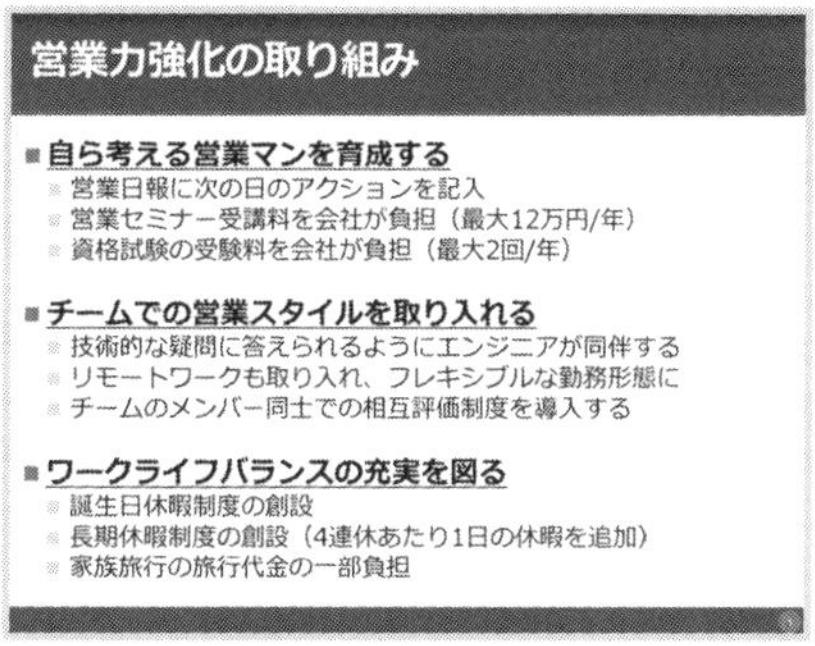
営業力強化の取り組み
■自ら考える営業マンを育成する
■営業日報に次の日のアクションを記入
■営業セミナー受講料を会社が負担（最大12万円/年）
■資格試験の受験料を会社が負担（最大2回/年）
■チームでの営業スタイルを取り入れる
■技術的な疑問に答えられるようにエンジニアが同伴する
■リモートワークも取り入れ、フレキシブルな勤務形態に
■チームのメンバー同士での相互評価制度を導入する
■ワークライフバランスの充実を図る
■誕生日休暇制度の創設
■長期休暇制度の創設（4連休あたり1日の休暇を追加）
■家族旅行の旅行代金の一部負担

■項目の文字を大きくし強調、それ以外を小さくする
■大きい項目が変わるところで、空白行を入れる

箇条書きは1行に収める

だらだらと長い文章では、箇条書きでまとめる意味がありません。箇条書きは、できるだけ1行におさめます（図13）。

1行に収めるためには左の例文のように文章ではなく、**体言止めで簡潔に表現します。**

「ビールの成分と生活習慣病について」
↓
「ビールの成分と生活習慣病」

文末の句点はできるだけつけないようにします。もしくは、つけるかつけないかを統一してください。

また、行頭を「●」ではなく、「■」にすることも最近のトレンドです。

図13 箇条書きは体言止めにする

箇条書きが１行に収まらない

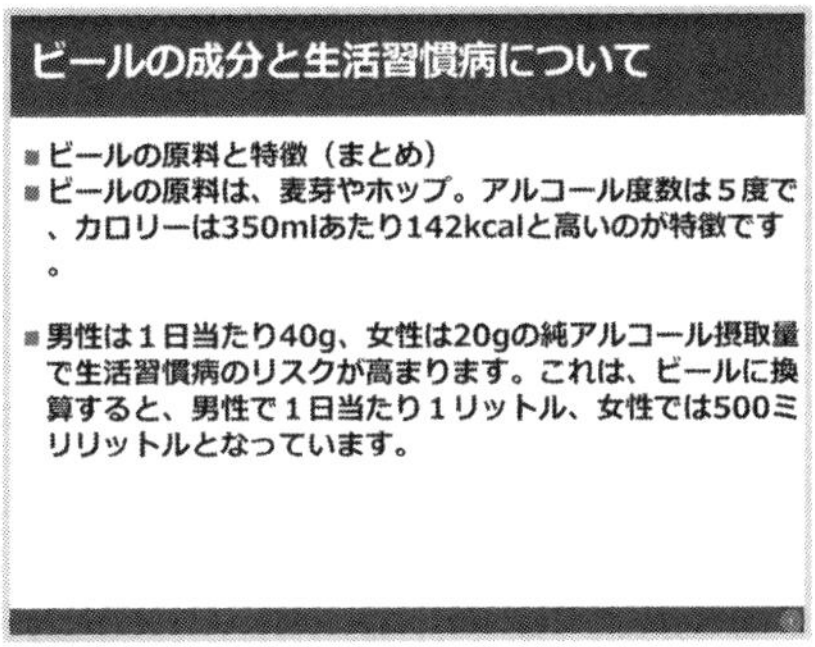
ビールの成分と生活習慣病について
ビールの原料と特徴（まとめ）
ビールの原料は、麦芽やホップ。アルコール度数は５度で、カロリーは350mlあたり142kcalと高いのが特徴です。
男性は１日当たり40g、女性は20gの純アルコール摂取量で生活習慣病のリスクが高まります。これは、ビールに換算すると、男性で１日当たり１リットル、女性では500ミリリットルとなっています。

■説明する文章は箇条書きには適さない

体言止めで１行に収める

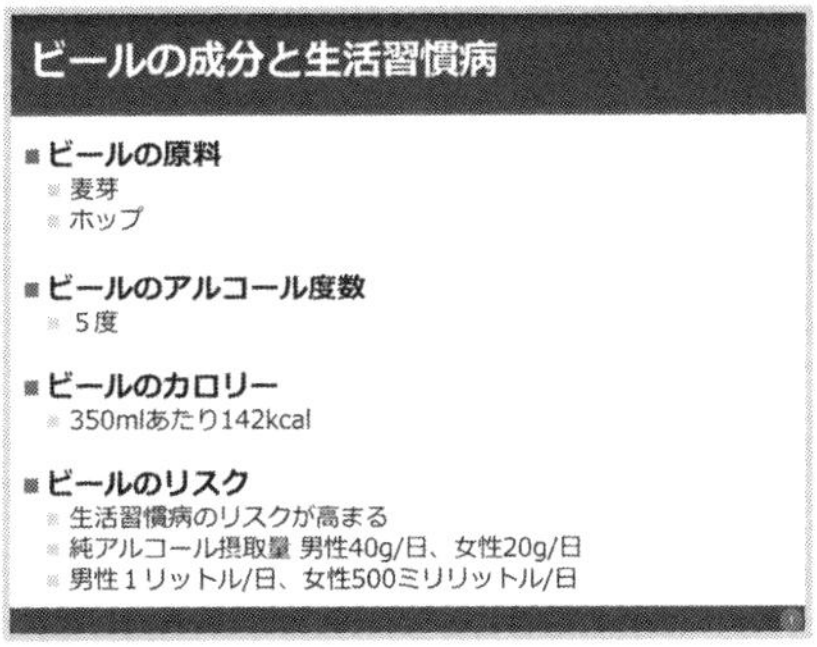
ビールの成分と生活習慣病
ビールの原料
麦芽
ホップ
ビールのアルコール度数
５度
ビールのカロリー
350mlあたり142kcal
ビールのリスク
生活習慣病のリスクが高まる
純アルコール摂取量 男性40g/日、女性20g/日
男性１リットル/日、女性500ミリリットル/日

■体言止めにして、１行に収める
■１行に収まりきらない場合は、文字間隔を詰める

矢印は目線の動きに合わせる

私たちが画面を見るときの目線は、**左から右、上から下、あるいはアルファベットのZを描くように左上から右下**へと動きます。スライドで時間や手順を説明する際に入れる「矢印」の方向は、その自然な動きに逆らわないようにすることが大切です（図14）。

この自然な動きと逆の右から左、下から上に矢印が向いていると、違和感を覚え、内容を理解しづらくなります。

左から右、上から下の原則どおりに配置できていれば、たとえ口頭での説明がなくても、相手に自分が見てほしい順番どおりに見てもらうことができます。

唯一の例外が「**右肩上がり**」です。エグゼクティブは右肩上がりが大好きです。売上高や株価などが上昇するイメージと結びついているので、どんなものでも右肩上がりがいいのです。とくに「よい変化」を段階を踏んで説明していくときには、スライドの表現も、右上がさりげなく上がっているようなイメージを意識すると好印象です。反対に、業績悪化を想起させる「右肩下がり」は避けましょう。

図14 自然な矢印の向きを徹底する

✕ 矢印が入り組んでいる

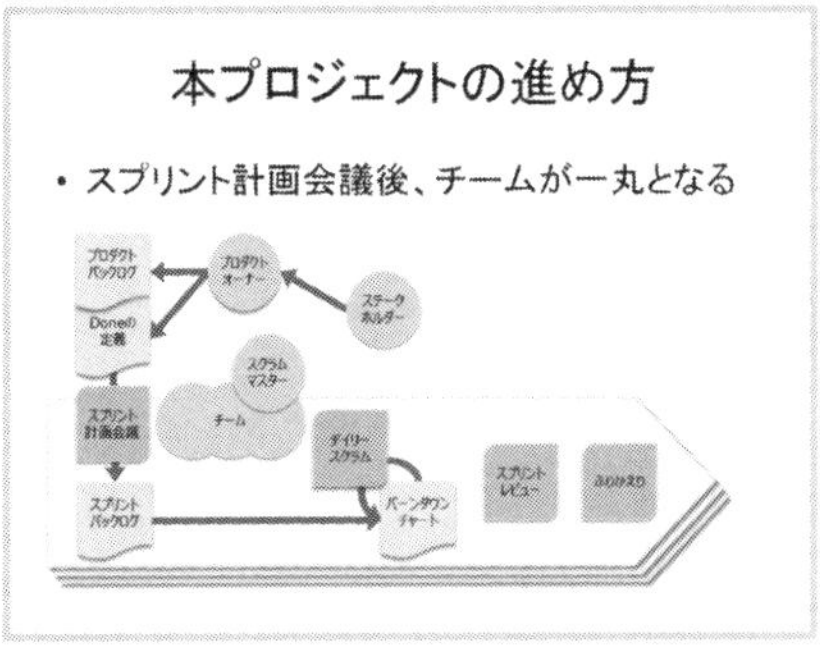

■時間やプロセスの流れが理解しづらい

◎ 左から右、上から下の流れになっている

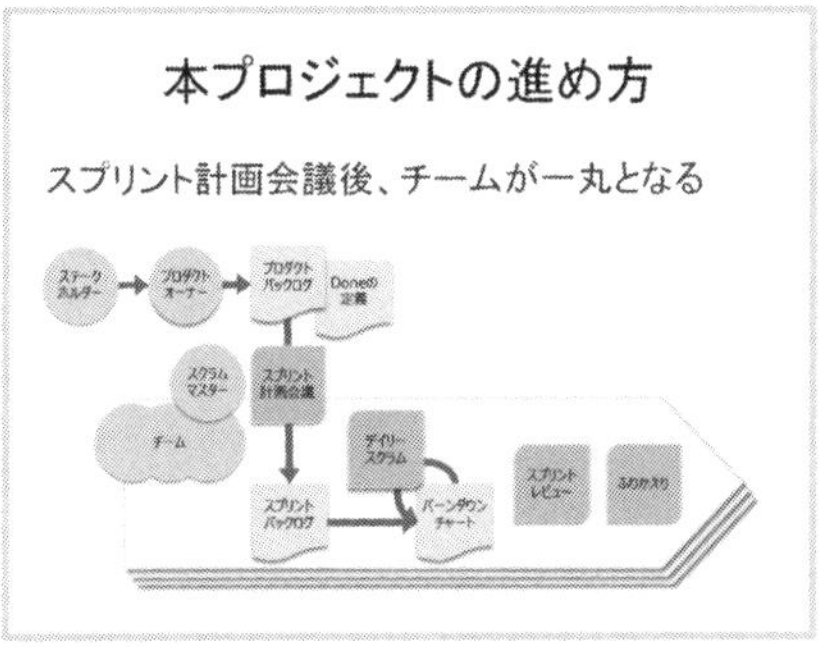

■左から右、上から下の矢印に統一。自然な目線の動きに
■「右肩上がり」は唯一の例外

偶然の余白より意図的に空白を

1ページの情報量が少ないとき、すべての情報をページの上部に固めてしまうと、下の方に空間ができますよね。これを「**余白**」といいます。図15の上のスライドをご覧ください。このように私たちは、スライドの情報が少ないとどうしても余白をつくってしまいがちです。

でも意図的に間隔を整えたらどうなりますか?「**空白**」になりますね。空白を利用したのが、図15の下のスライドです。

せっかくスペースに余裕があるなら、**ひとつひとつの情報の間に空白をとって配置したほうが見やすくなります。**

上下のスライドを見比べると、下のスライドのほうがどこを見ればいいのか、2つの情報の違いがすぐにわかるようになっています。スライドに余った白い箇所があると、無理やりに文字や画像を入れたくなるかもしれません。しかし、意図的に「空白」をつくったほうが、本当に見てほしい箇所を見てもらえることを知っておきましょう。

図15 見やすく、違いが強調できる空白

余白ができている

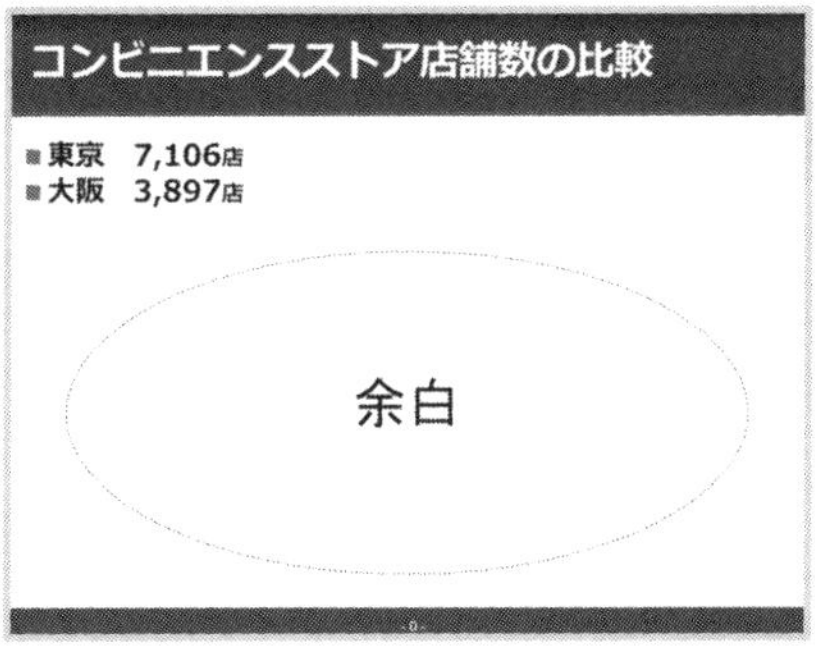

■行間が詰まって、余白ができている

空白行を入れている

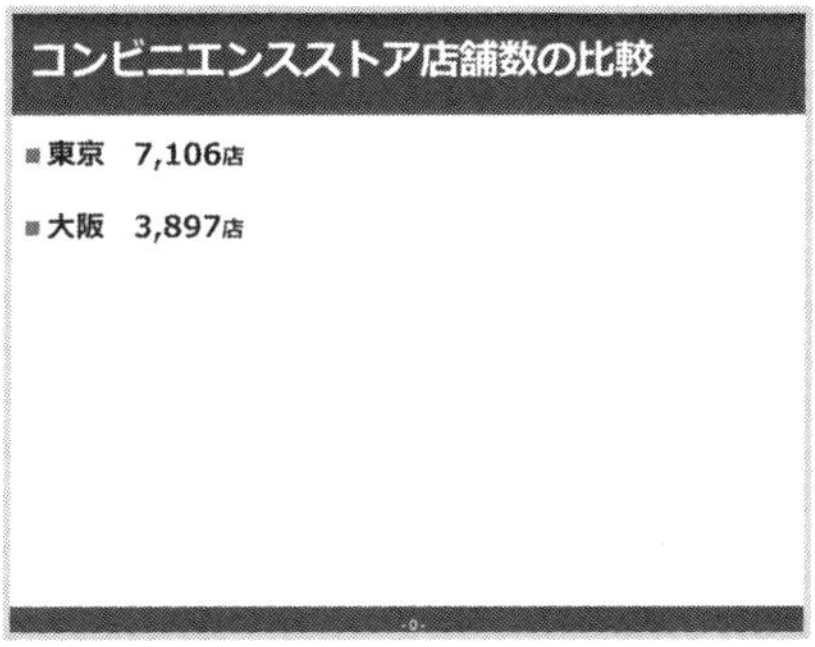

■情報量が少ないとき、強調したい行があるときには、
空白行をつくる

文字のトレンドと強調

フォントはスライドの印象を左右するものです。かつてはゴシック体など、力強い印象のフォントが多用されていましたが、今は細身でややシャープなフォントが主流になっています。こうしたフォントは、最近ではスマートフォンにも使用されており、普段の生活で多くの人が慣れ親しんでいます（図16）。**最近のトレンドは手書きフォント**で、自然で打ちとけた雰囲気のプレゼンには最適です。

フォント使用で気をつけたい点は、**フォントを混在させない**ことです。使用するフォントは、スライド1ページ内で最大3種類までにとどめておきましょう。ポップ体はやや軽々しい印象になり過ぎるので、使用を避けたほうがいいでしょう。

また、フォントではなく、文字の強調についてもここでお話ししておきましょう。強調する場合は**文字の色を変えたり、下線やマーカーペンを引くのが最近の傾向です。**色のついた枠の中に文字が白く抜いてある、**白抜き文字もインパクトを持たせる上で効果的です。**

図16 文字の特徴とトレンド

フォント名と特徴

フォント名	例	イメージ
明朝体	説得力のあるスライドとは？	やさしい、繊細、丁寧
ゴシック体	説得力のあるスライドとは？	力強い、説得
ポップ体	説得力のあるスライドとは？	派手、目立つ
メイリオ	説得力のあるスライドとは？	やさしい、柔らかい

■「メイリオ」もしくは「游明朝 / ゴシック」がトレンド
■「ゴシック体」は力強い印象なので、見出し向き
■フォントは混在させない

手書きフォント

TA微妙ADD_P	おすすめの手書きフォントです
りいてがきNR	おすすめの手書きフォントです
ふい字P	おすすめの手書きフォントです

■自然でカジュアルな雰囲気や口語(発言)を含むプレゼン向き

数字は半角、単位を小さく

ＤＡＹ４でもお話ししますが、数字はプレゼンにおいて非常に大切な要素です。金額や数量、長さや面積、体積などの度量衡をあらわす数字は、半角を使用します。こうすることで、全角よりも見栄えがよくなります。

エグゼクティブを対象にしたプレゼンではとくに、３ケタごとのカンマ（,）は必須です。

「円」などの単位は、**文字の大きさを数字よりやや小さめにする**と、数字が際立って見やすくなります。数字より２割ほど小さくし、数字は太字にすると、目立たせることができます（図17）。

数字を目立たせたいなら、数字を大きくしたらいいのでは？ と感じる方もいらっしゃるかもしれません。しかし、数字を大きくしてしまうと、文章と文章の行間が乱れ、見栄えが悪くなってしまいます。だから、太字にするのです。

こうしたテクニックは、スーパーのチラシやマンションの広告など、数字を強調している広告でも使われているものです。

図17 大切な数字こそ見やすくする

✕ 数字と単位に工夫なし

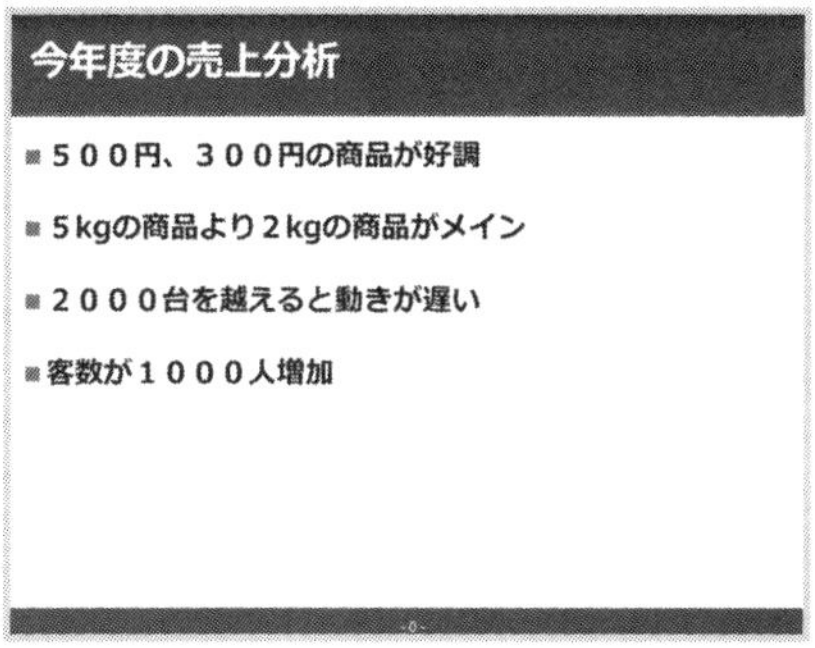
今年度の売上分析
■５００円、３００円の商品が好調
■５kgの商品より２kgの商品がメイン
■２０００台を越えると動きが遅い
■客数が１０００人増加

■数字が全角、数字と単位の大きさが同じ

◎ 数字は半角・太字、単位を小さく

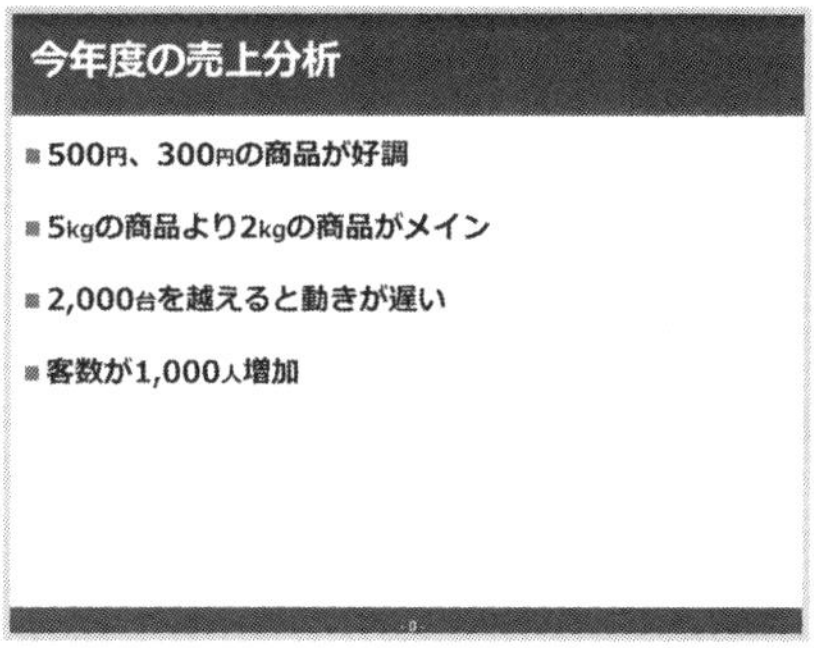
今年度の売上分析
■500円、300円の商品が好調
■5kgの商品より2kgの商品がメイン
■2,000台を越えると動きが遅い
■客数が1,000人増加

■単位は数字より、文字を小さくする
■数字は半角、３ケタごとのカンマ（,）をつける

ページタイトルと同じ1行目は不要

スライドの各ページには、それぞれのスライドごとのページタイトルがあります。ページタイトルは、スライドが何をあらわしているのかを示すもの。ところが、**ページタイトルの下、本文ともいうべき場所の1行目にタイトルと同じ文章が入っていることが珍しくありません。**

たとえば、図18の上のスライドのように「お茶の製造方法」というタイトルの下に「お茶の製造方法のご紹介」という1行目があり、さらにその下に「お茶の製造方法」というタイトルの図解があったりするような事例をよく目にします。

PowerPointでつくるスライドの面積は限られています。1枚のスライドを有効に使うためにも、こうした重複は省きましょう。

図18 本文1行目を有効に使う

✖ ページタイトルと1行目が同じ

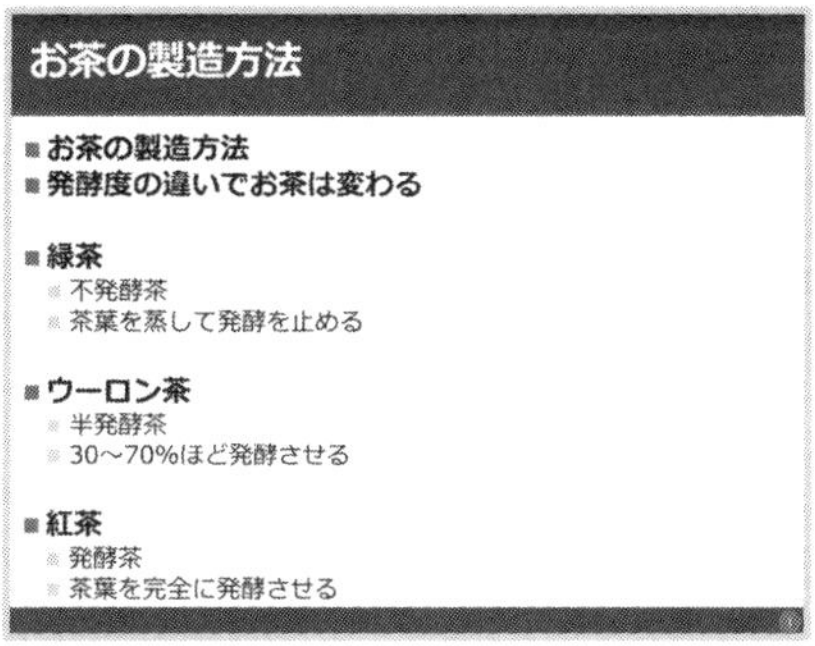
お茶の製造方法
■お茶の製造方法
■発酵度の違いでお茶は変わる
■緑茶
不発酵茶
茶葉を蒸して発酵を止める
■ウーロン茶
半発酵茶
30〜70%ほど発酵させる
■紅茶
発酵茶
茶葉を完全に発酵させる

■「お茶の製造方法」が同じ
■限られたスライドのスペースを無駄使いしている

◎ スライド1行目はメッセージか内容にする

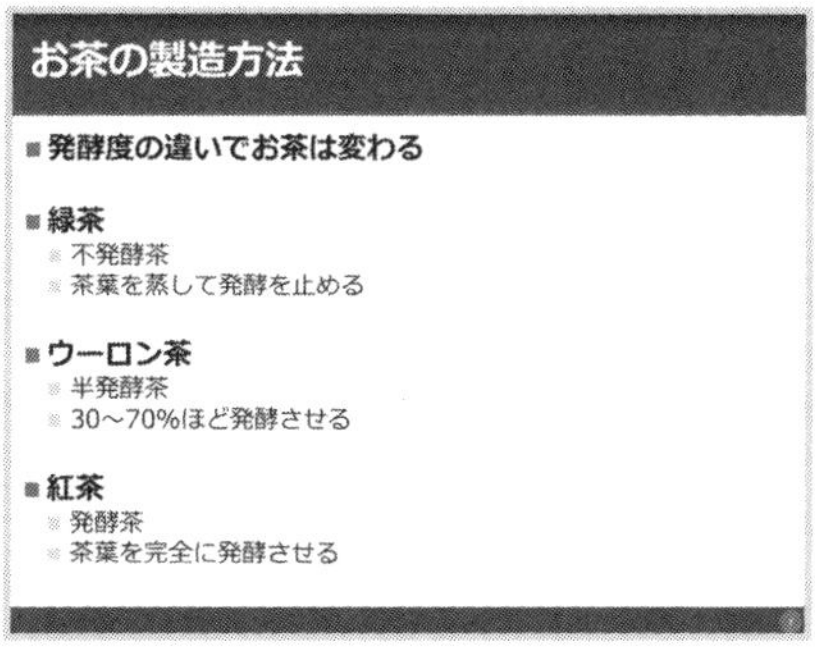
お茶の製造方法
■発酵度の違いでお茶は変わる
■緑茶
不発酵茶
茶葉を蒸して発酵を止める
■ウーロン茶
半発酵茶
30〜70%ほど発酵させる
■紅茶
発酵茶
茶葉を完全に発酵させる

■1行目は、相手により深く訴えるメッセージにする
■そのページで伝えたい内容を入れる

余分な表現をそぎ落とす

不要な言葉や重なる表現は、可能な限り削除します。

図19の上のスライドは重複している言葉が多く、理解しづらい内容になっています。すっきりさせてみましょう。

ページタイトルが「ごはんの時間になったら選びましょう」で、本文に「好きなごはんを選択できます」とあります。どちらにも「ごはん」という言葉がある上に、「選びましょう」「選択できます」も重なっていますね。

これらの重複をすべて排除したものが下のスライドです。何をすればいいかが、ひと目見ただけでわかりますね。

スライドをつくる側は、どうしても情報を増やそうとしてしまいがちですが、**見る側にとって不要な情報を省くという視点でチェックすることが重要です。**

図19 余分な表現を排除する

✖ 不要な言葉、重なる表現がある

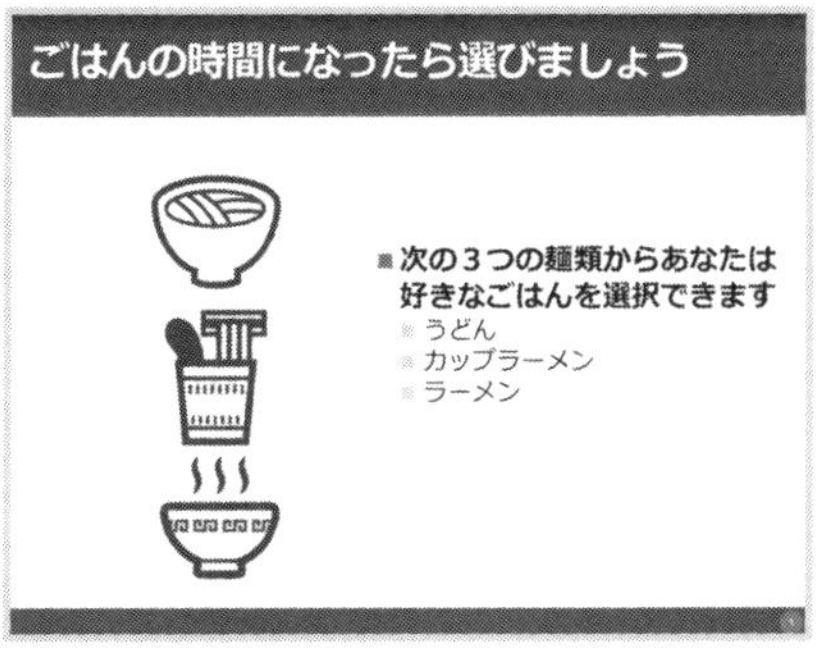

■「ごはん」「選びましょう／選択できます」など、同じ意味の言葉が重複している

◎ 不要な情報を省いた

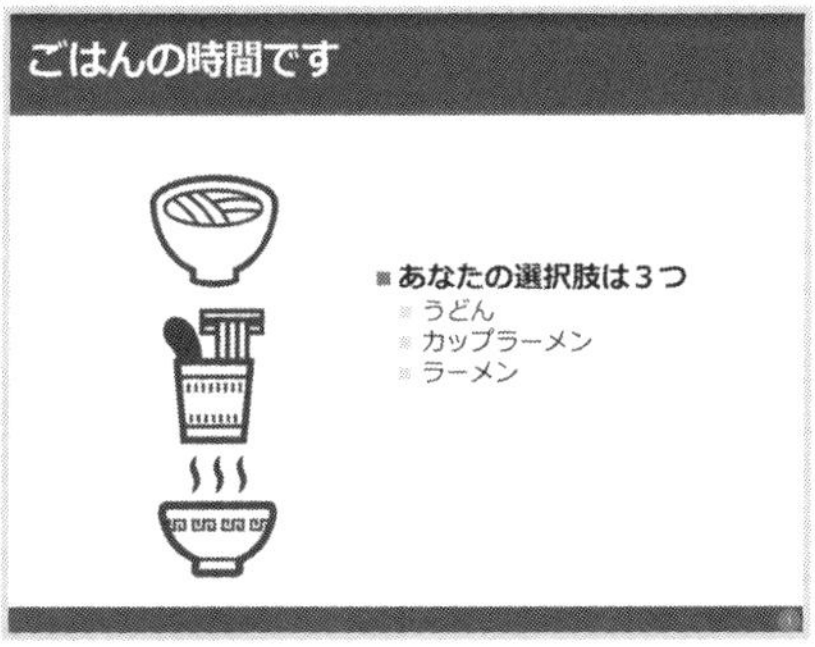

■簡潔なキーワードでまとめると、理解の速度が早まる

グルーピングを意識する

イラストや写真の大きさ、配置、向きがバラバラだと、雑につくられたスライドという印象を与えます。

1つの事柄に関する情報は1箇所にまとめて、目線を散らさないようにする**「グルーピング」**も意識するようにしてください。

図20の上のスライドは、麺類の名前と材料が縦に並んでいて、その下にそれぞれの麺類のイラストが横に並んでいます。グルーピングがなされていないので、「うどん」と言われた瞬間に、うどんのイラストに目を向けても、材料の情報にはたどりつけません。

これを正しくグルーピングしたのが、下のスライドです。

うどんに関する情報がすべて同じエリアにまとまっているので、そこに目線を誘導するだけで材料の情報にアクセスできます。

図20 文章とイラスト・写真を適切に配置する

✕ グルーピングがバラバラ

うどん	手打ち麺、油揚げ、かまぼこ、卵、わかめ
カップラーメン	中華麺（ノンフライ）、キャベツ、コーン、ニンジン、チャーシュー
ラーメン	中華麺、メンマ、ネギ、チャーシュー、煮卵

■イラストと名称、材料が離れている

◎ 正しいグルーピング

うどん 	手打ち麺、油揚げ、かまぼこ、卵、わかめ
カップラーメン 	中華麺（ノンフライ）、キャベツ、コーン、ニンジン、チャーシュー
ラーメン 	中華麺、メンマ、ネギ、チャーシュー、煮卵

■1つのエリアに集まっている
■目線が散らず、理解しやすい

写真やイラストでシンプルに

文章を写真やイラストに置き換えることで、重複を排除する方法もあります。

図21の上のスライドは、「日本の」「喫煙率」という言葉が3回も使われていて、「男女」と「男性」「女性」も重複しています。

写真を使ってこれをシンプルにしたのが下のスライドです。写真と数字だけで十分伝わりますね。こうして極限までそぎ落として強調したいことだけを際立たせることで、インパクトのある表現にすることができます。

写真やイラストのテイストを揃える

たとえばシリアスでリアルな病巣写真のとなりに、「健康診断に行きましょう!」という吹き出しのついたほのぼの系イラストが並んでいたら、違和感がありますよね。**使用する画像のテイストは揃えましょう。スライド全体を通してテイストが統一されているのが理想**ですが、少なくとも同一ページ内は必ず揃えるようにしてください。

図21 写真・イラストで説明を省く

✖ ページタイトルと本文が重複している

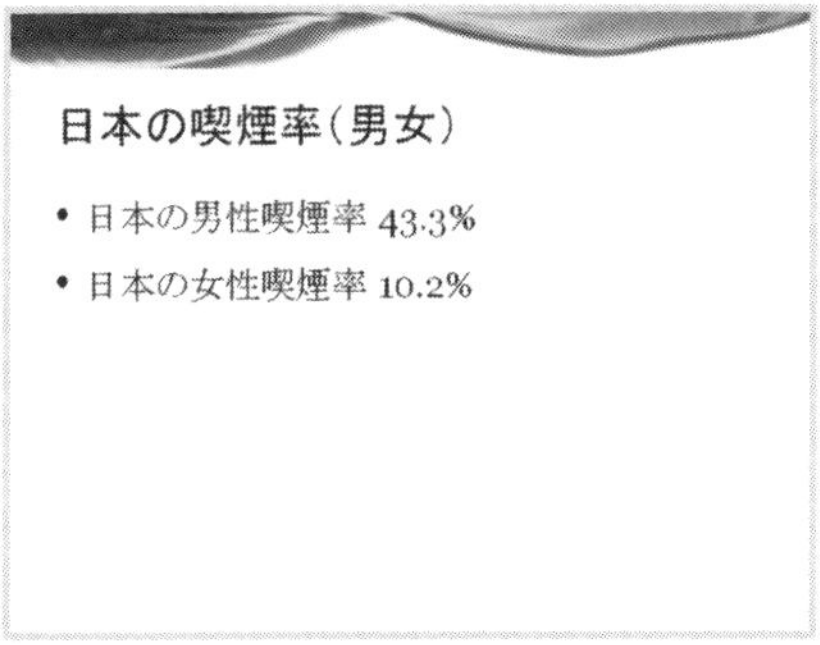
日本の喫煙率（男女）
• 日本の男性喫煙率 43.3%
• 日本の女性喫煙率 10.2%

■「日本」「男女」「喫煙率」が重複

◎ 写真と数字だけでシンプルに表現

43.3%
10.2%

■インパクトを伝える場合は、写真だけが有効
■目立たせせたい項目だけを強調する

写真を際立たせる「エッジ」と「目」

写真は、PowerPointの**「クリッピング」**という機能を使って、余分な背景を削除するとすっきりします。

顔写真は、目立たせたくても枠で囲んではいけません。存在感を強めたいときは影（ドロップシャドウ）や反射（ミラー）で装飾をつけます。

また、顔写真が画面の真ん中に浮かんでいると、不安定な印象を与えます（図22）。写真は**スライド画面のエッジ（辺や角）に合わせると安定します。**写真をどうしても真ん中に置きたい場合は、写真の下にラインを引き、その上に乗せるといいでしょう。

また、**人は本能的に「生き物の目」を見ます。**それを利用して、なるべく顔写真の目に近い位置に文字を並べるようにすると、すばやく文字に目線を誘導することができます。

図22 写真はエッジの活用で安心感を

✖ 写真が真ん中にある

■写真が真ん中に配置されていると、不安定な印象に

◎ 写真はエッジに合わせる

エッジを活用→

■写真はエッジ（辺や角）に合わせて配置する
■人物や動物の「目」の近くに文字を配置するのも有効

「上半分」と「左半分」の使い方

結論やお願いごとなど、**確実に届けたいキーワードはスライドの上半分**に集中させます（図23）。限られたプレゼンの時間内では、どうしてもスライドの上半分の情報だけで、スライド全体が意図することを読み取ることもあります。そうしたときに、上から順に結論までの経緯を細かく説明するよりも、上半分にいきなり結論があるほうがいいのです。

また、相手先の社名や商品名、お客様の氏名など、**大切な名称はスライドの左半分**に記載するのがマナーです。

これは手紙でも同じですよね。まず相手の名前があり、自分の名前は文末に入れる。こうした思いやりのある表現をスライドにも活かしましょう。

図23 上半分は結論・左半分は相手の情報

結論やお願いごとは、上半分

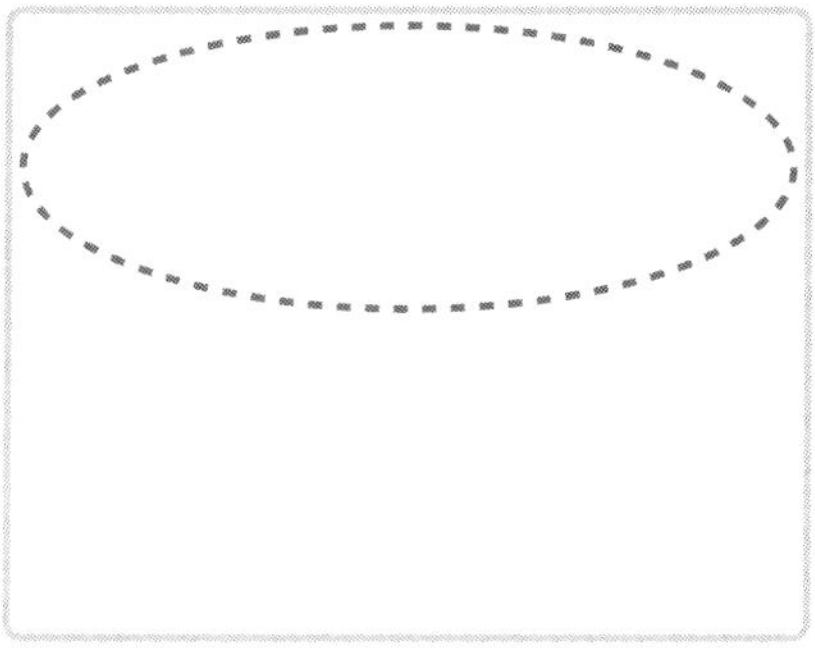

■上半分に届けるべきキーワードを集中させる
■資料を流し読みされてもキーワードが伝わりやすい

相手先の情報は、左半分

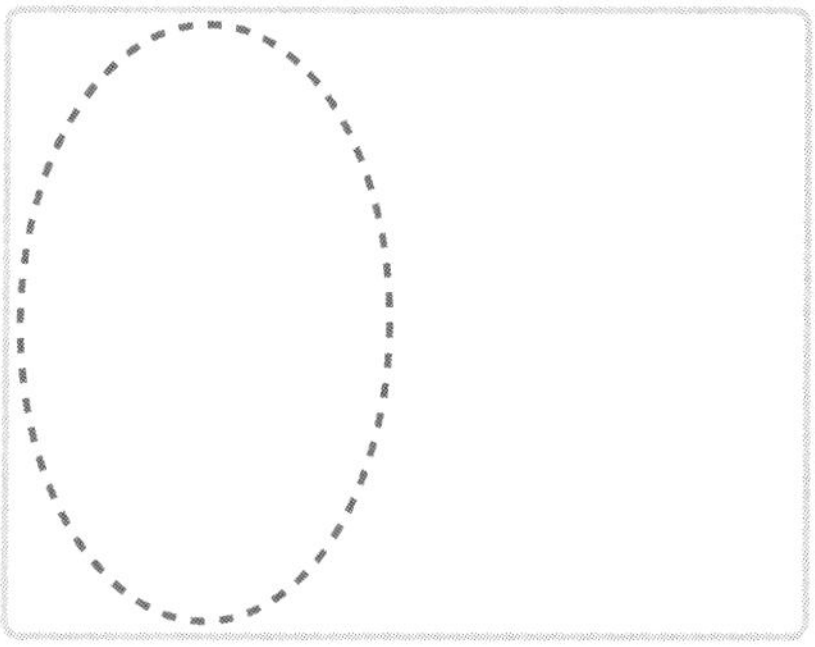

■お客様の氏名など、関連する名称は文末に入れない
■名称は切れないようにする

表はデフォルメしてもいい

表は、すべてのデータや項目を均等に表記しなくてもかまいません。**伝えたいところを強調してもいいのです。**

たとえば、国別のインターネット利用者割合の表を示して、「アイスランドが一番多い」ことを説明したい場合、表内のアイスランドという国名や割合の文字を大きくしたり、色を変えてみます（図24）。すると、すぐ目に留まるだけでなく、実は数字そのものは2位と比べてそれほど多いわけではないのに、圧倒的に多いように感じられます。

自社製品と競合製品のデータを比較した表なら、可能な限り自社製品のほうを明るい色にして、競合製品を暗い色にするのも、さりげなく自社製品の印象をよくするテクニックです。

プレゼンの場合、やりすぎにならない程度にこうした強調やデフォルメを行うのは問題ありません。

図24 表はデフォルメしてわかりやすく

表はデフォルメしてもいい

インターネット利用者数の多いアイスランド

国名	割合
アイスランド	98.2%
ノルウェー	96.3%
デンマーク	96.0%
アンドラ	95.9%
リヒテンシュタイン	95.2%
ルクセンブルク	94.7%
オランダ	93.2%
スウェーデン	92.5%
フィンランド、モナコ	92.4%

→

インターネット利用者数の多いアイスランド

国名	割合
アイスランド	**98.2%**
ノルウェー	96.3%
デンマーク	96.0%
アンドラ	95.9%
リヒテンシュタイン	95.2%
ルクセンブルク	94.7%
オランダ	93.2%
スウェーデン	92.5%
フィンランド、モナコ	92.4%

■デフォルメすると、見てほしいところにすぐ目が留まる

自社と他社で差をつける

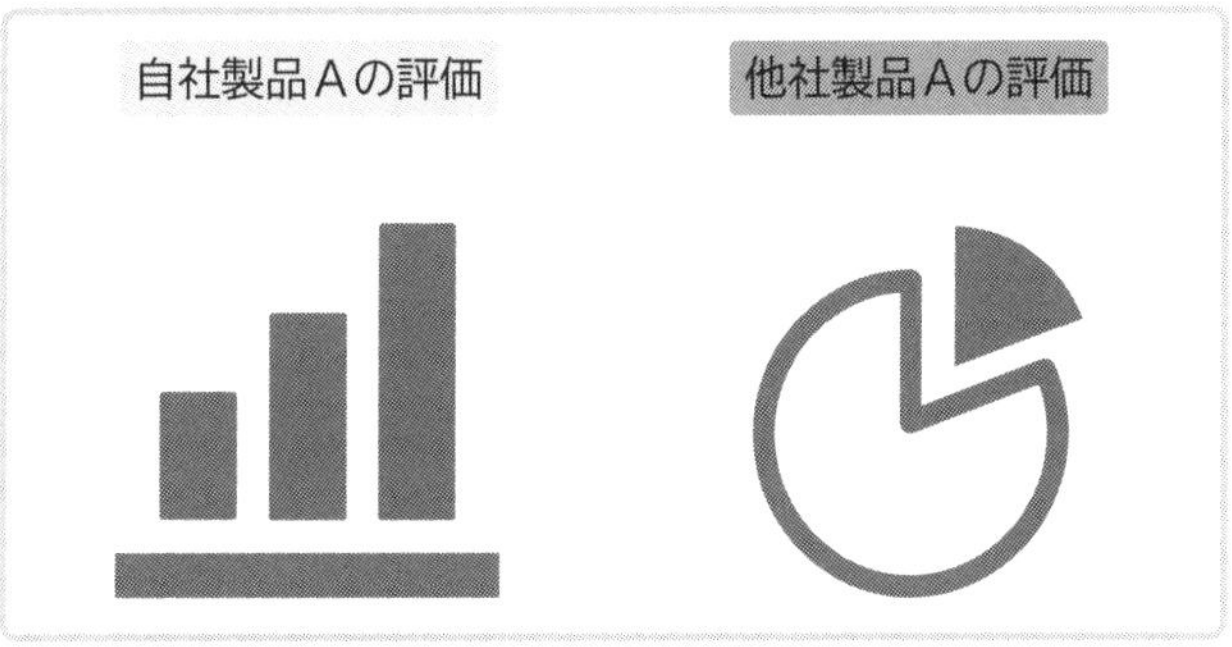

■他社より自社を見てほしいときにも、表をデフォルメ

美しいグラフのトレンド

図25の上のグラフをご覧ください。古くて、あか抜けない印象を受けませんか？
いかにも「ひと昔前」なグラフは避けたいところです。

- **目盛は少なめ**
- **立体的ではなくフラットなデザイン**
- **原色ではなく淡いシャーベットカラー**
- **凡例はグラフの外側ではなく内側に入れる**

などが昨今のグラフのトレンドです。

また、立体的な円グラフは、視覚効果的に手前のほうが大きく見えるなど、公平な表現ではありません。そのため、学術論文や公的資料には使用できませんが、プレゼンでは**その強調効果を意図的に利用するのも手です。**

図25 シンプルで美しいグラフ

✕ 古いグラフ

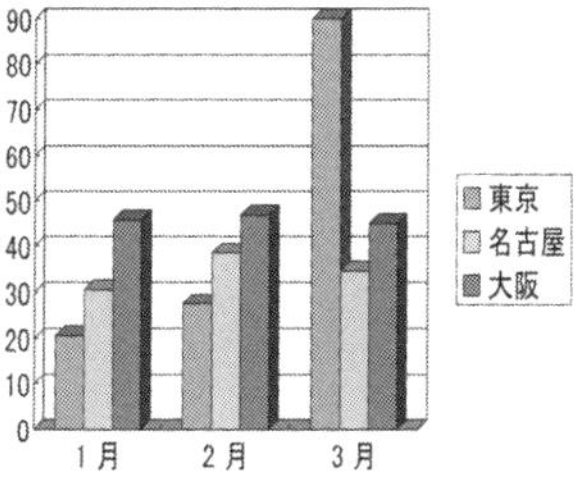

■３Ｄ・色を多用
■凡例が外にあり、目線が散る

◎ フラットデザインのグラフ

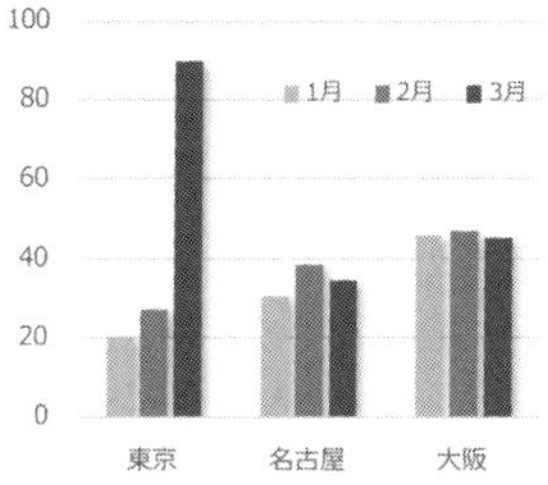

■目盛、軸はなくシンプルに
■シャーベットカラーでグラデーションを活用
■凡例はグラフの中に入れる

◎ 立体的な円グラフ

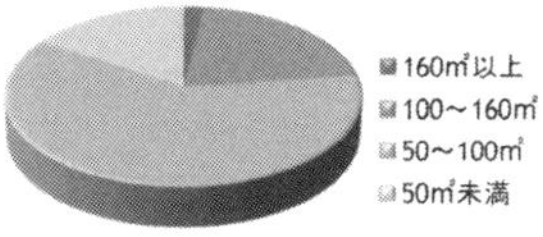

■手前のほうが大きく見える
■学術論文・公的資料には不向き

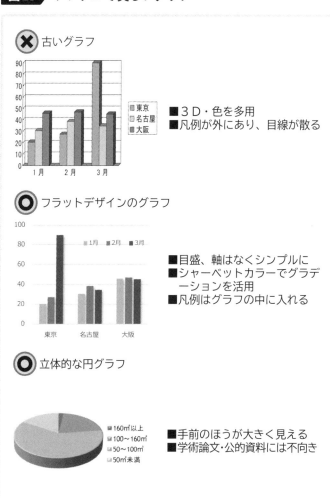

「ノート」機能をカンペに使う

スライドの「ノート」部分は、プレゼンで話したいことを書いておいて、プレゼンの最中に見ながら話すカンペとして使うことができます（図26）。

ただ、文章で書いておくとそれを読み上げてしまうので、**言いたいことを要約したキーワードや、使用を避けたいNGワードだけを入れておくといいでしょう。**

アニメーションは多用しない

アニメーションは印刷の対象にならないので、スライドを印刷して資料にすることを考慮すると、好ましくありません。動かそうとする操作でミスやハプニングが起こりがちというリスクもあります。もし、どうしても使用するなら、**洗練された美しいアニメーションにしましょう。**美しく見えるのは、**異なる方向から少しずつ時間差で重なっていく動き**です。２０１６年に大ヒットした映画『君の名は。』のテレビＣＭでも、この手法が使われていました。それ以外のアニメーションは、できるだけ控えたほうがいいでしょう。

図26 ノート機能は優秀なカンペ

ノートにはキーワードを入れる

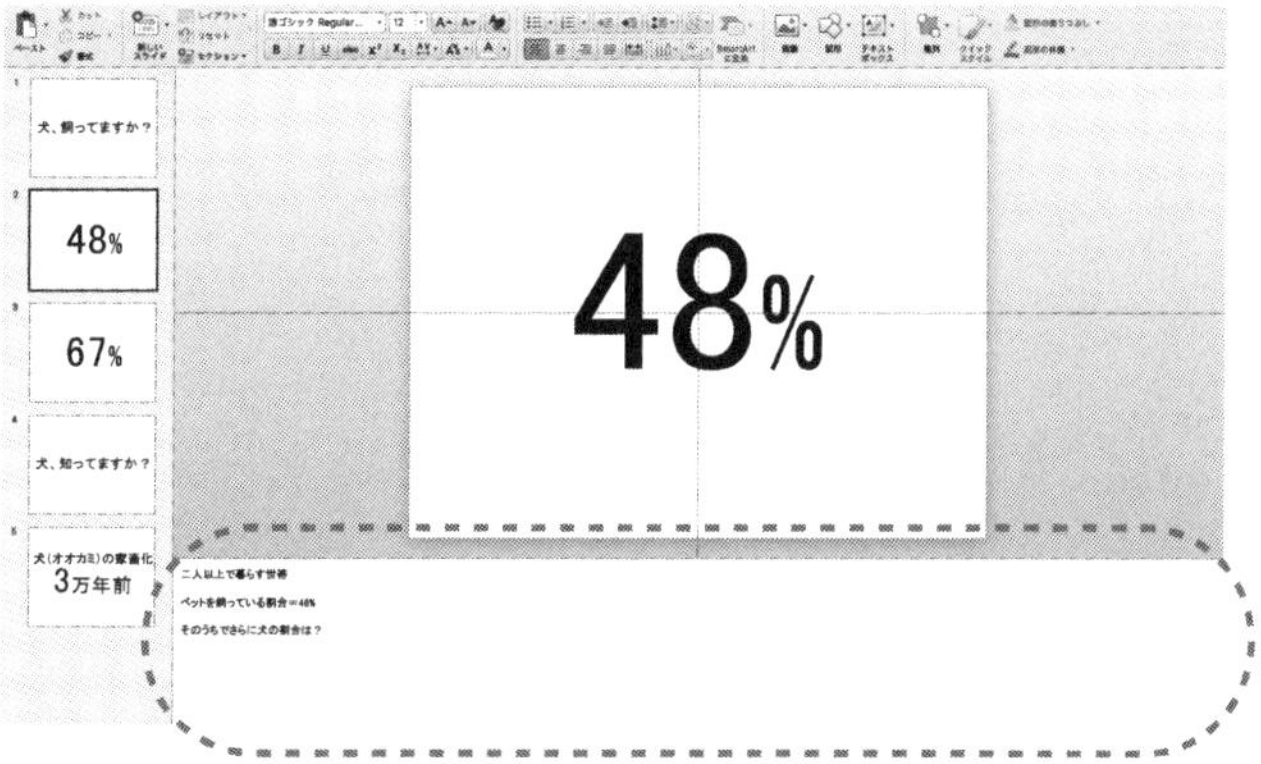

■スピーチ原稿、セリフはプレゼン中に読み上げてしまう可能性があるので、入れない
■キーワード、NGワードがおすすめ
■＝、○、×、？、→など記号を加えるとより良い
例）ペットを飼っている割合＝48%
そのうちでさらに犬の割合は？

扉ページ、裏表紙をつくる

スライドの章ごとに、扉ページを入れておくこともおすすめします（図27）。章の一覧表示があって、これから始まる章の部分がマークされている扉ページだと、プレゼンがどこまで進んでいて、あとどれくらいなのか、**進行状況が把握できる**ので親切です。

また、裏表紙もできればつくってほしいと思います。スライドの最終ページの説明が終わってから、ずっと最終画面が表示されたままだったり、画面を送って真っ暗になったところでプレゼンが終わる、というのは聞き手にとってあまり心地よくありません。**何か最後をしめくくるような1ページがあるといいですよね。**

裏表紙がないと、スライドを印刷して配布した場合、持ち歩くときに最終ページが丸見えになって格好悪いし、あまり人目に触れさせたくない情報が含まれている場合もあります。それをカバーする心遣いとしても入れておきたいものです。デザインはどんなものでもかまいません。表紙と同じデザインを使ってもいいでしょう。

図27 扉ページと裏表紙を用意

進行状況がわかる扉ページ

- ご挨拶
- **本日のご提案の趣旨**
- スケジュールのご紹介
- サポート体制のご紹介
- 拠点紹介
- 今後の見通しに関して
- Q&A

■パートを下線、ハイライト、矢印などで強調する

表紙と対応した裏表紙

裏表紙

表紙

■裏表紙を用意すると、プレゼンの終わりがしまる
■表紙と同じデザインでもいい

スライドづくりに役立つサイト

DAY3の最後に、私がスライドをつくるにあたって利用している、おすすめのサイトを2つご紹介しておきます（図28）。

スライドシェア

世界中のさまざまなスライドが集まっているサイトです。トップページにはその日に一番多く閲覧されている、人気のスライドが並んでいます。これを眺めるだけでも、魅力的なデザインのスライドがいくつも目に留まるはずです。

いいスライドというのは、中身ももちろんですが、やはりデザインが美しいですよね。このサイトは豊富なスライドが閲覧できるので、デザインや表現方法の参考になります。

また、自分がつくったスライドをアップロードすることも可能です。公開しても問題のないスライドであれば、アップロードしてほかの人とシェアしたり、コメントをつけてもらうこともできて便利です。

アドビストック

スライドに使用する写真やイラストを入手できる有償サービスです。数百万点にも及ぶ圧倒的な素材点数の多さが魅力で、イメージに合うものを検索して探すことができます。私はもっぱらこのサイトを利用していますし、世界的にもプロフェッショナルの利用率が高いサイトです。

料金プランも手頃なものから数種類あり、個人でも法人でも契約できます。

ここまでＤＡＹ３では、さまざまなスライド作成のポイントをご理解いただけたと思います。それでは、このスライドを元にトークの技術も見ていきましょう。

図28 スライドづくりに役立つサイト

スライドシェア（https://www.slideshare.net/）

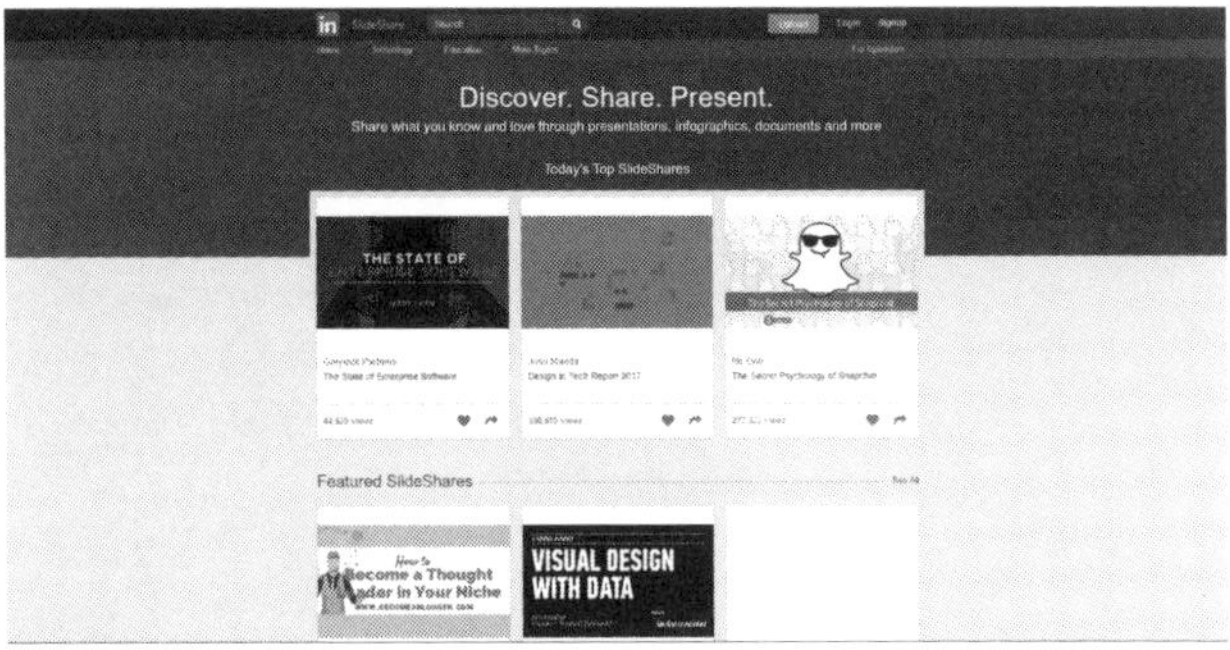

■世界中のスライドが集まっている
■デザインや文字のレイアウトなどの参考に

アドビストック（https://stock.adobe.com/jp/）

■写真の使用枚数に応じた有償サービス
■イメージに合った写真・イラストを検索しやすいのが強み

DAY 4

自信に溢れ、わかりやすいトーク

「語りかけ」で一体感を生む

さて、スライドも完成し、プレゼンの材料は揃いました。このDAY4では、それを相手に届けるトークを仕上げていきましょう。

ここで一度原点に返りましょう。プレゼンは、自分ではなく相手のために行うものです。自分が相手に向けて話しながらも、できるだけ相手と双方向のコミュニケーションに近い空気をつくるのが理想です。

それを演出するテクニックが「**語りかけ**」です。

プレゼンのトークには、「**みなさんはどう思いますか？**」というように、文字通り相手に語りかけるフレーズを入れると、場の一体感が生まれます。

たとえば、次のような語りかけを入れた話し方にしてみましょう。

「このお茶は」
←

「**みなさんもご存じの**、このお茶は」

「今日は満員ですね」
←
「今日は**こんなに多くのみなさんにお越しいただいて**満員ですね」

こんなふうに、**プレゼンのいたるところに「みなさん」「みなさま」「御社」といった言葉を盛り込む**ようにしてください。
相手とプレゼンを共有することを意識すると、自然と語りかけの言葉が出てくると思います。

「**みなさんなら**、このあとどうしたいと思いますか？」
「今日はこのような事例に即してお話ししましたが、**御社では**どのような活用ができるとお考えになりますか？」

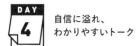

こうした「相手に考えさせる」語りかけのフレーズは、プレゼンの後半から終盤にかけて、より多く入れていくようにすると効果的です。

終わりの時間を最初に伝える

プレゼンの最初に行うべきことは、「相手からもらっている時間の表現」です。

「今日は**45分で**お話しします」
「**17時まで**お届けします」

と、持ち時間や終了時間を相手にあらかじめ伝えます。

プレゼンのスタート時点で、終了時間を伝える。これは、プレゼンのうまい人ならたいていやっている、**「ロックイン」**と呼ばれるテクニックです。

ジャーナリストの池上彰さんも、テレビ番組でよく使っています。

「今日は成人病のリスクについて、**9時までの**特番でお届けします」

と、さりげなく伝えて視聴者を9時までロックするわけです。

このときに意識したいのが、時間の伝え方です。

たとえば**「1時間半」ではなく「90分」と、分数で伝える**ようにします。

「1時間半」や「1時間30分」だと、「1時間」を超える、という印象が強くインプットされるので、長く聞こえてしまいます。数字そのものは大きくなっても、「90分」のように**分数で表現したほうが短く感じられます。**

さらに工夫するなら、「100分を少し切るぐらい」といった伝え方にすると、より短時間のイメージが強まります。こうした表現の工夫で、「私はコンパクトに伝えている」ということを印象づけるようにします。

絶対時間に相対時間を添える

時間について、もう1つ大切な話をしましょう。

時間の表現には**「絶対時間」**と**「相対時間」**の2種類があります。

「2017年」「19時」のように、どの時点においても使用可能な表現が「絶対時間」。それに対して、「2年後」「30分前」のように、ある時点を基準にした時間の表現が「相対時間」です。

プレゼンのスライドなど資料上の表現は、一般的に絶対時間が用いられますが、**トークで時間を説明するときは、相対時間を添えるようにします。**

たとえば、2020年の東京オリンピック・パラリンピックについて話をするとき、「2020年に開催される、東京オリンピック・パラリンピック」

とスライドに書いてあるとします。ここで、**「3年後の**２０２０年に開催される、東京オリンピック・パラリンピック」と「２０２０年」という絶対時間に「3年後」という相対時間を添えて説明します。

なぜかというと、**相対時間は行動への意識が高まる表現**だからです。

続いて、次の２つを比べてみてください。

（A）「この申し込み用紙に記入の上、8月30日までにお申し込みください」

（B）「この申し込み用紙に記入の上、8月30日、**あと2週間以内に**お申し込みください」

この場合（B）のほうが、実際に申し込みが増えます。ここでは「2週間以内」というきわめて短期間の設定なので、その数字の切迫感による効果だと思われるかもしれませんが、実はこれを「5週間以内」や「8週間以内」とした場合でも、同じ効果があります。

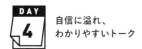

この効果を踏まえて、最近ではいろいろな場面で相対時間が使われています。一例が、JRの新幹線や特急列車の到着時刻案内です。

東海道新幹線で東京から名古屋に向かうとき、名古屋駅の1つ手前の三河安城駅を通過するタイミングで車内アナウンスが入ります。

以前はそこで「この列車は9時47分に名古屋駅に到着いたします」と、絶対時間で到着予定時刻を伝えていました。ところが今では「**あと7分で**名古屋駅に到着いたします。お降りの方はお支度を〜」といった相対時間の表現になっています。

たいていの乗客は「何時何分に着くか」ということより、「あと何分で着くか」が気になるものです。それを確認しないと、行動を起こさないいんですね。人間の心理を利用した見事な相対時間の使用例です。

たとえば誰かと待ち合わせるときも、「19時に待ち合わせよう」と言うより、「19時、**今から1時間後に**待ち合わせよう」と、相対時間を入れて伝えるほうがいいのです。相手は「じゃあ、その1時間の間にカフェでメールチェックをしておこうか」というふうに、自分が起こす行動に置き換えて判断しやすくなるからです。

プレゼンで、**期限など重要な日付や時間を伝えるときは、相手の行動を促すために、**

必ず相対時間を添えることを意識してください。このDAY4のうちに、DAY3で作成したスライド上の絶対時間と、それに相対時間を添えた表現を確認しておきましょう。

うまいプレゼンには実数がある

数を挙げるときは、「およそ」「だいたい」などの曖昧な表現ではなく、実数を示すことが重要です。

実数表現のほうが美しく見えるだけでなく、**信憑性が増す**からです。

「私は長年、この研究をしてきました」と言われるのと、「私は46年間という長い年月、この研究をしてきました」と言われるのでは、説得力がまったく違いますよね。

うまいプレゼンには、必ず実数が使われています。DAY2で例に挙げた、TEDのジャック・アンドレイカのプレゼンもそうです。

彼のプレゼンは実数のオンパレードです。

「**13歳**のとき」「すい臓がんの**85％が**」「**60年前**のものを」「**800ドル**かかって」「**168倍速く**」「**26,000分の1**以下の費用で」……と、わずか10分19秒のプレゼンで、実に32個もの実数を並べています。しかも、かなり厳密な数字です。

また、ワンセンテンスの中に3つ以上の数字が入っていると、プレゼンの信憑性が高くなると言われています。次の2文をご覧ください。

「私はおよそ20年前に外資系の企業に入って、長年勤めて、最近日本マイクロソフトに来ました」

←

「私は**1996年**に外資系企業に入って、そこで**13年間**勤めたのち、**2009年**に日本マイクロソフトに移って、現在**8年目**です」

右の文章に4つ実数を入れるだけで、具体的で説得力があるように思えますよね。

日本人はとかく「もっと」「とても」「すごい」といった言葉を使いがちです。「すごく売上がアップして、それをもっと上昇させたいと思います」では漠然としていて、説得力に欠けます。「49・5%売上がアップし、さらに1年以内に20%の上昇を目指しています」のように、なるべく実数で展開するほうが、プレゼンの品質が上がります。

プレゼンの準備としては、表現する実数を確固たるものにしておくことが重要になります。

「この商品はとても軽いんです」ではなく、「この商品は**84グラム**と、非常に軽くできています」と伝えられるように、「軽い」ということを表現するための実数を、しっかり把握しておくようにします。

スライド上の数字も原則として実数にします。それを説明するときは、確実な目線誘導のために、口に出す数字も同じものにすることを忘れないようにしてください。

また、数の示し方としてはもう1つ、「**対象者表現**」もおすすめです。

「100人、そう、ここにご来場いただいている**みなさんと同じくらいの人数**」

「**この部屋の天井の高さぐらいの**、3メートルの高さの動物に遭遇しました」

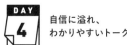

このように、相手の視点で数字を語るテクニックを使うと、数のイメージが伝わりやすくなります。

心地よいリズムをつくる「韻を踏む」

聞き手につまらない印象を与えるトークは、内容よりもリズムが悪いことが多いものです。リズムが悪いから聞き取りづらかったり、聴いていて眠くなります。

うまいと感じさせるリズムをつくるのに有効なのが「**韻を踏む**」ことです。

DAY2でお話しした、マドンナのスピーチは、さすがに美しいリズムになっています。

語り出しの部分を見てみましょう。

"**Michael Jackson** was born in August, 1958. **So was I.**"
(マイケル・ジャクソンは1958年8月に生まれました。私もそうです)
"**Michael Jackson** grew up in the suburbs of the Midwest. **So was I.**"
(マイケル・ジャクソンは中西部の郊外で育ちました。私もそうです)

このように、「マイケル・ジャクソン」で始まり、「私（I）」で終わるセンテンスをいくつも重ねることで、印象的なリズムをつくり出しています。

日本語はもともと音の抑揚が少ない言語なので、なかなかここまで巧みにリズムをつけるのは難しいのですが、次のような方法もあります。

日本語で比較的簡単に韻を踏むには、**接続詞や助詞を揃える**という方法があります。

「私が最近買ったツールは、ペン**や**マウス、スマートフォン**や**ケースです」

という具合です。「や」という助詞を揃えることで、少しリズミカルになりますね。

上手に韻を踏むセンテンスは、とっさにはなかなか出てこないので、事前にある程度用意しておくといいかもしれません。

「引用」で自分話を好印象に

プレゼンは自己紹介や自社の商品紹介など、「自分の話」が多くを占めます。そのため、自慢話や自分本位の話という印象を相手に与えがちです。

それをやわらげるのが**「引用」**です。他人が話したことや、他人についての話をセンテンスの中に取り入れるというテクニックです。引用が入るとどのように話し方が変わるのか、見てみましょう。

「私は学生時代から水泳選手として活躍してきました」

↓

「私は、**さきほどの人と同じように**、学生時代から水泳選手として活躍してきました」

このように、他人の話を引用すれば、少し控えめなニュアンスになりますよね。

ただ、引用できるような話をしてくれる「さきほどの人」がいなければ、この手は使えないのでしょうか？　そんな場合は、その場に居合わせた人全体をあらわす「みなさん」という表現を使ってみましょう。つまり**「全体」の引用**です。実際にやってみましょう。

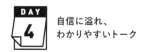

「私は、**みなさんをはじめ多くの方が経験のない**水球部に所属し、活躍していました」

これなら、自分の前に話す人がいようがいまいが、引用できますね。
お気づきかもしれませんが、「引用」がないと、センテンスまるごと自分の話になります。それに対し、「引用」があると、センテンスの半分が「みなさん」の話になります。
結局は自分の話をしているわけですが、相手の視点を入れた表現にすることができるのです。

さらに**上級者は、「引用」の中に相手の固有名詞を入れます。**
「**佐藤部長**も大変お好きだというこのお茶ですが」というふうに、個人名や社名を盛り込めるとワンランクアップですね。「自分の話」という印象を薄めると同時に、「語りかけ」のように相手との一体感を高めることができます。

伝わり方は語尾しだい

同じ内容の文でも、語尾を少し工夫するだけで、伝わり方が大きく変わります。効果的な語尾の使い方をご紹介しましょう。

1つは、文の終わりを体言（名詞や代名詞）で止める**「体言止め」**です。通常の話し方を体言止めにしてみましょう。

「我々はこうやって危険性を指摘してきたのです」
←
「我々が行ってきたのはとても重要なこと。そう、**危険性の指摘**」

淡々とした事実の説明から、自信に満ちた主張という印象に変わりますね。体言止めは、**強いメッセージを伝えるテクニックです。**論戦で相手を説き伏せようとする場面などでもよく使われます。

これに対して、柔らかい印象にする効果を持つのが**「質問と回答」**というテクニックです。

「我々が行ってきたのは何だと思いますか？　そう、危険性の指摘です」
「我々が危険性の指摘を行ってきたか？　その答えはイエスです」

このように、問いかけて答える形にすることで、ひとりで話しているのに、あたかも相手と会話しているような空気感が生まれ、相手が話題に乗ってきやすくなります。

「質問」のあと、長過ぎない適度な間を置いて「回答」を述べます。ここで2秒ほど間があくことで、相手は一瞬「なんだろう？」と思いますよね。**「質問と回答」は、一方的で単調になりがちなプレゼンに変化をつけるという効果もあります。**

「なぜ日本の人口が減っているのでしょうか？　それは～」

こんなふうに、池上彰さんもこの「質問と回答」をよく使っています。わかりやすく、柔らかく物事を伝える上では欠かせないテクニックですね。

池上さんと言えば、もう1つ特徴的なのが「これが重要なんですす**ね**」のように、語尾に「ね」をつけることです。私もよくつけます。語尾に「ね」がつくと、優しく親しみやすい印象になるので、非常にいいですね。

また、**状態を表す言葉は、進行形にすると臨場感が高まります。**

「みなさんにお渡しした資料」
↓
「みなさんに**お渡ししている**資料」

「今日はたくさんの方にお集まりいただきました」
↓
「今日はたくさんの方に**お集まりいただいています**」

過去形にすると、日記や資料を読み上げているような印象になりがちなので、なるべく意識して進行形に置き換えてみてください。

事実(ファクト)と意見(オピニオン)をペアにする

プレゼンは、事実(ファクト)をただ伝えることではありません。その事実に基づいた自分の意見(オピニオン)を伝えることが大切なのです。

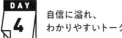

たとえば「きれいなアジサイの花が咲いています」ではなく、「きれいなアジサイの花が咲いています。いつ見ても心が洗われますね」と、花が咲いている**事実を踏まえて自分がどう思うかを伝えなければいけないのです。**

とはいえ、何の根拠もなく自分の意見だけを伝えても、説得力がありません。オピニオンを伝えるには、その裏付けとなるファクトが不可欠です。

プレゼンは、ファクトとオピニオンのペアで成り立っているのが原則です。

「確率5%」「売上金額4億円」「3万年前に始まったオオカミの家畜化」など、スライド上に書かれていることは、基本的にファクトです。つまりDAY3までは、ファクトを揃える作業を行ってきたわけです。

そのファクトにオピニオンを組み合わせて、トークを展開します。次の例文を見てみましょう。

「この器具は40グラムです」

↓

「この器具は40グラムと、**大変軽くて持ちやすい**んです」

これで「ファクト＋オピニオン」ですね。ファクトは多くの場合、数字を伴うので、実数表現も同時に盛り込むことができます。

相手に届けるべきものは、あくまでもオピニオンです。ファクトはその裏付けであり、資料という位置付けです。

伝わらなければ比喩じゃない

比喩は本来、難しいことをわかりやすく説明するために、別のものに置き換える表現です。したがって、**比喩の内容は、本来の伝えたいことより平易でなければ意味がありません。**

「このコンピュータウイルスに侵される確率は、交通事故に遭遇する確率より低いです」

これなら比喩として成立しています。ところが、次のような話し方ではどうでしょうか。

「このコンピュータウイルスに侵される確率は、岐阜県飛騨市神岡町に設置された素粒子物理研究のための観測装置、スーパーカミオカンデに蓄えられた水の分子にニュートリノが衝突して生じる光が検出される確率と同程度です」

これでコンピュータウイルスに侵される確率が伝わるでしょうか？　伝わらないはずですね。こんなふうに話した人が実際にいましたが、これではかえって話が難しくなり過ぎて、ますます混乱します。

比喩は、誰もがそれとわかる一般的なものでなければいけません。「この色は、おなじみのゆるキャラ、『あ！　官兵衛』の胴体の色と同じです」と言われて、即座にピンと来る人はそういないはずです。

また、一度あるものを何かにたとえたら、なるべくそのたとえを一貫して使用するようにしてください。

たとえば、医療関係のプレゼンで、最初に血管を高速道路にたとえたら、その後も血管や血流についての話は、高速道路という同じキーワードを使って説明するようにします。別のたとえが混在すると、話が一貫していない印象を与えてしまうことがあります。

マイナスの言葉を使わない

プレゼンは、なるべく美しい言葉、丁寧な言葉だけが並ぶようにするのが理想です。

マイナスの響きを持つ言葉、印象のよくない言葉が頻出するプレゼンは、聴いていて耳触りなだけでなく、プレゼン全体の質が低いように感じられてしまいます。

できるだけ美しい言葉を選ぶようにしましょう。マイナスの表現をするときも、美しい言葉を使い、それを否定する形で表現します。

「ホワイトボードが汚い」
↓
「ホワイトボードが**美しくない**」

「狭い部屋」
↓
「**広くない**部屋」

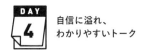

それぞれの改善した文章は、「美しい」の否定、「広い」の否定のように、美しい言葉を否定しています。

また、「わかりにくい」「見にくい」のように、「にくい」がつく言葉も、響きがあまり美しくありません。「わかり**づらい**」「見**づらい**」と言い換えましょう。

ちなみに「見にくい」と「見づらい」では、厳密には言葉の意味が多少異なります。「資料が見にくい」と言う場合、それは資料のほうが「見にくい」状態であることを指しますが、「資料が見づらい」とは、「誰かが（資料を）見づらい」、つまり見る側の状況を意味します。

美しい言葉をたくさん使うには、美しい言葉をたくさん知っていなければなりません。日常生活でもなるべく意識して美しい言葉、丁寧な言葉を使い、表現のストックを増やしておくことが、プレゼンのランクアップにつながります。

名詞は必ず修飾する

かのスティーブ・ジョブズは常々、「言葉をドレスアップしなさい」と言っていました。

これには2つの意味があります。

1つは美しい言葉、丁寧な言葉を使うということ。もう1つは、言葉を飾り、よりドラマチックなものにするということです。

私たちは、とかく名詞を無造作に扱いがちですが、**名詞を伝えるときはきちんと飾りをつけることが大切です。**

「このお茶」ではなく「この**冷たくすっきりとした味わい**のお茶」。

「美しくデザインされた漆黒のマウス」「滑らかな書き心地の赤いペン」「整理ポケットがついた機能的なケース」……と、名詞は必ず修飾します。

髙田明・前社長の名調子で知られる「ジャパネットたかた」のセールストークは、名詞の修飾がきわめて多いのが特徴です。

「本日紹介する新商品」ではなく「本日ご紹介するのは、**これからの夏の季節にぴったた**

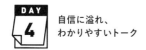

りの新商品です」といった具合に、修飾が満載です。
「**すいすい**吸える掃除機」のように、擬態語や擬音語も多用しています。

重要なのは**名詞そのものではなく、その飾りのほうです。**

靴を売るなら、お客様に知ってほしいのは、そこに「靴」があることではなく、それが「爽やかな色合いではきやすい」靴だということです。プレゼンで相手に示すべきは「今回の提案」ではなく、「今回ご用意した、御社のためのとっておきの提案」です。

修飾部分こそが肝であり、それをしっかり表現することを意識してください。


プレゼンのスライド上には、名詞が多く並んでいます。その名詞を口にするときに、自分の気持ちを込めた修飾ができるようにしておくほうがいいですね。

プレゼンするものがどんなものかを知っていないと、修飾はできません。「この赤いペン」の使用感を知らなければ、「書き心地の滑らかなこの赤いペン」とは言えませんよね。

名詞を魅力的に飾るには、**ものについての知識と、自分はそれのどこが好きで、相手にそれをどう伝えたいのかという情熱が必要です。**

ここで注意したいのは、修飾の手段として、「すごい」「もっと」「とても」といった言葉を多用し過ぎないことです。

知識ではなく、情熱ばかりが先行してしまうと、「すごい技術を使用した、すごい吸引力の掃除機で、値段もすごく安いんです」などと、つい言ってしまいがちですが、これでは何が「すごい」のかピンと来ません。

修飾はなるべく具体的な言葉で表現するようにしてください。それが見つからないときは「ジャパネットたかた」のように擬音語、擬態語を使うのも手です。

わかった気にさせるフレーズを入れる

「ジャパネットたかた」のセールストークには、ほかにも巧みな点があります。

トークの合間に、「大変お安くなっていますでしょう?」とか「これで素晴らしさが**おわかりいただけたと思います**が、さらに!」といった念押しのフレーズを入れるんです。

本当に「大変お安い」かどうかなんて、聴いているほうは判断のしようがないのに、そう言われるとなんとなく、「お得なんだな」という気がしてきますよね。

あえて悪く言うと、相手にこう思ってほしいという想定を押しつける。**自分の意図する方向に、相手を「誘導」**しているわけです。

「今日は私がみなさんに、大変わかりやすく商品のご紹介をしてきました。みなさん、だいぶ**手に入れたくなってきたんじゃないでしょうか**」

なんてテレビ通販で言われると、「まあ、欲しいかな」という気になって、つい電話したくなります。こうしたフレーズを入れることによって、一種の暗示効果が生じるのです。

こうした誘導や暗示は、プレゼンでも意図的に行うべきだと思います。後半や終盤に「今日はここまでお話ししてきて、だいぶご理解をいただけたと思いますが」というふうに、理解を深めた気にさせるフレーズを入れると効果的ですね。

DAY1でお話ししたように、プレゼンはただ伝えたいことを淡々と説明するものではなく、それによって相手の気持ちや行動を変えるものです。**相手の気持ちを変えたいなら、「あなたの気持ちは変わってきている」と言って、その気にさせてしまえばいいのです。**

劇的な効果をもたらす「ブリッジ」

プレゼンは自分の話しやすいように話すのが一番なので、私は基本的に、これを使ってはいけないという禁止語のアドバイスはしていません。

とはいえ、これはできれば避けたほうがいいと思うものはあります。

その1つが、スライドのページが切り替わるたびに「はいっ」と言うことです。

スライドが切り替わるタイミングで「**はいっ**、こちらをご覧ください」「**はいっ**、続いてのデータは」と、次のページに進むとつい「はいっ」と言ってしまう方、多くいらっしゃいます。

でも、あまりにこれが続くと、「スライドに操られている」ように見えてしまいます。

あたかもスライドに「おい、お前、これ話せ」とせきたてられて、それに「はい、はい」としたがって、スライドをただ読み上げているように見えてしまうんですね。

この「はいっ」をやめる方法があります。

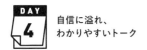

それが**「ブリッジ」**というテクニックです（図29）。

ブリッジとは文字通り、2枚のスライドの間を「橋渡し」することです。

具体的な例でご説明しましょう。まずはブリッジがない場合です。

（スライドAを示して）
「はいっ、こちらが交通事故の発生件数です。これだけの事故が起きています」
（スライドBに切り替わって）
「はいっ、次にこちらが事故原因の分析になります。上位の原因はこういったものが挙げられます」

この話し方だと、スライドを見てからそれを読むので、表示されたスライドを見た瞬間に確認の「はいっ」が入ってしまいます。

それでは、ブリッジを入れてみましょう。

（スライドAを示して）
「こちらが交通事故の発生件数です。これだけの事故が起きています。**では、これらの事故がどういう原因で起きているのか、それを示したものがこちらのスライドです**」
（スライドBに切り替わって）
「このスライドでは、さきほどの事故の原因を分析しています。上位の原因はこのようなものが挙げられます」

太字の箇所が「ブリッジ」です。このようにして、２つのスライドの間に橋を通します。

1回のプレゼンで8割ブリッジができているのが理想です。

ブリッジは、プレゼンの品質の向上に劇的な効果を発揮します。私がアドバイザーとして、プレゼンの指導をさせていただいている方の実例を挙げましょう。その方のプレゼンには、もともとブリッジがほとんどなかったのですが、私が指導を行って１カ月後のプレゼンでは、７割ほど入れられるようになりました。

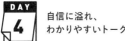

図29　わかりやすいプレゼンには「ブリッジ」がある

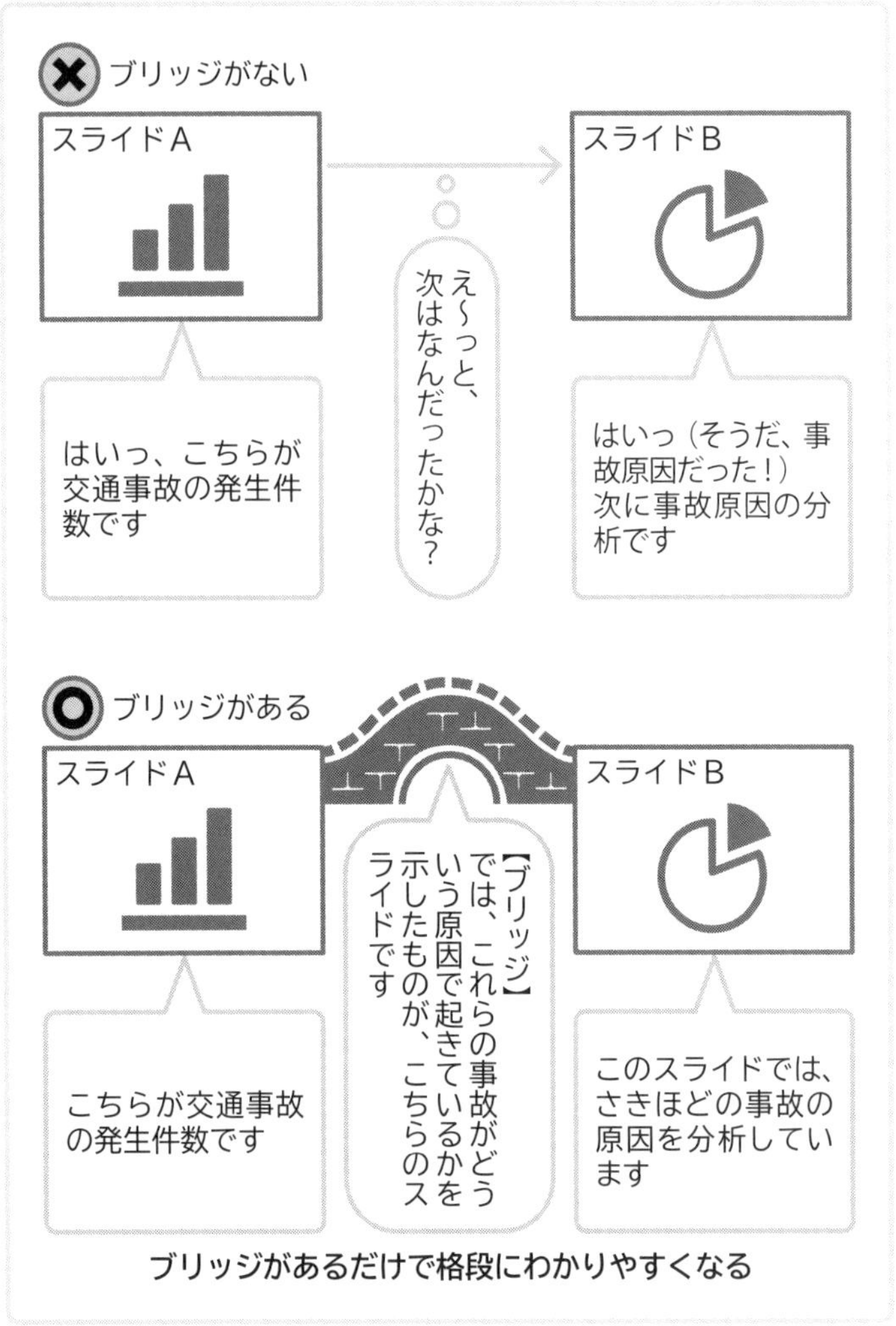

すると驚くべきことが起きました。学術的な内容のプレゼンだったのですが、終了後に回収されたアンケートで「すごくわかりやすかった」「面白かった」という絶賛のコメントが大量に寄せられたのです。1カ月前のプレゼンとは比較にならない反応でした。

ここで重要なのは、そのとき使用したスライドも、その順番も、1カ月前のプレゼンとまったく同じだったということです。**ブリッジを入れただけで、プレゼンのわかりやすさが格段に上がったのです。**

多くの人は、スライドの順番を入れ替えたりすることでプレゼンを改善しようとします。しかし、DAY2でお話ししたように、プレゼンのシナリオには正解がありません。それよりも重要なのは、いかにそのシナリオが自分の中に入っているように説明できるかです。それを可能にするテクニックがブリッジです。スライドのページの間をつなぐ言葉を考えながら、ブリッジの練習をしてみてください。

口癖は個性

「今日のテーマなんですが」「この商品ですけれど」のように、「が」や「けれど」でつなぐ逆接の表現も、注意が必要です。

「天気予報は雨でした**が**、快晴になりました」のように、先に述べたこととは反する内容をあとにつなげるのが本来の逆接です。本来の用法で使うのならいいのですが、「今回の業績なんですが、大変いい数字でした」のように、逆接にする必要がないところで使っているケースがよくあります。

こうして無意味に逆接を使うと、前の語句を否定する文脈ではないのに否定の意味が含まれてしまい、ネガティブな響きになるので、できるだけ使わないようにしましょう。

逆接の「が」に限らずですが、話し方や口癖は人それぞれですし、口癖はむしろ個性だと私は思っています。ユニークな口癖や個性的な言葉の使い方、どもりや訛りなどは、無理に直す必要はないと思います。それらはプレゼンを行う上でのマイナス要因ではなく、**相手の心をつかむ魅力にもなり得る個性です。**

それでも、どうしても口癖を直したいという相談をいただくことがあります。基本的にはあまり神経質になる必要はありませんが、まずは自分の口癖に気づくところから始めましょう。

他人に自分の話し方を聴いてもらい、口癖を指摘してもらうか、自分で録音して聴いたり、それを書き起こしてみたりすると、自分の口癖に気づくことができます。

口癖に気づいても、それを言わないように気をつけるだけでは簡単には直りません。直す方法は、**むしろその口癖をあえて発すること**です。一度言うと、立て続けに同じ言葉を言うのは違和感があるので、しばらく出なくなります。それを続けているうちに直っていきます。

下手なプレゼンこそ参考になる

プレゼン上手になるには、プレゼンがうまい人を見て学べばいいかと言うと、必ずしもそうとは言えません。

スティーブ・ジョブズや孫正義さんのプレゼンはたしかに見事です。しかし、それをどれだけ真似しても、スティーブ・ジョブズや孫正義さんには誰もなれません。

彼らは、プレゼンが上手である以前に、圧倒的なカリスマ性を備えています。話し方を盗むことはできても、そのカリスマ性までは盗めないので、彼らと同じだけ人を惹きつけるプレゼンができるようにはなれないのです。

むしろ、**あまりうまいとは言えないプレゼンを見るほうが、プレゼン技術の向上には役立ちます**。

幸にも不幸にも日本はプレゼンが不得手な人が多いので、かなりの確率でいまひとつなプレゼンに遭遇します。それを聴いていると、「ブリッジを入れていない」「実数を提示していない」「ファクトだけでオピニオンを伝えていない」など、いろいろなことに気づくはずです。

そして、それらの点について、自分だったらどうするかという改善策を具体的に考えてみます。

「うまくないプレゼン」を、どうやって「うまいプレゼン」にするか。それを考えることが、プレゼン上達のためのトレーニングになるのです。

テレビの「あの人」に学ぶ

その一方で、話がうまいと言われる人の優れたトークのテクニックにも、学ぶところが多くあります。

池上彰さんは「質問と回答」や「ロックイン」「名詞の修飾」「語りかけ」をよく使っています。優しい語り口で場の一体感を高めながら、難しいことをわかりやすく伝えるのが非常にうまい方です。

それに対し、自分の意見を強く主張して、相手に納得させる話術が巧みなのが、弁護士の橋下徹さんです。「体言止め」が多く、言葉が短く、口調も強い。メッセージを強力に伝える話し方です。

また、「ジャパネットたかた」の前社長・髙田明さんは、現物を提示して、それをいかにわかりやすく相手に説明するかを極めている方です。擬音語や擬態語も活用しながら「名詞の修飾」を豊富に使い、「相対時間」で申し込み時間を伝えて、視聴者に購買行動を起こさせます。語り口調も非常にユニークですね。

髙田さんに限らず、テレビショッピングや実演販売のトークは、訴求力を高めるさまざまなテクニックが駆使されています。

「こんな硬いものが切れると思いますか？（語りかけ）ほら、スパッと切れましたね。

（擬態語）使ってみたくなりましたでしょう？（誘導）今から4時間以内にお申し込みください（相対時間）」

といった調子です。プレゼンに活かせるかどうかを意識してみると、日々の生活の中で見聞きするものにも、ヒントになることがいろいろあります。

自信が表情と指先に表れる

ここまでトークのテクニックをお伝えしてきましたが、プレゼン全体を通して説得力を持たせるためにも、**話し方は「堂々と、はっきりと」が基本**です。

言葉以外でそれを感じさせるポイントは、**表情と指先**です。

表情がこわばっていたり、目が泳いでいたりするのは、当然よくありません。歴史的に見ても、**偉大なプレゼンをする人はたいてい笑顔です。**表情がとても柔らかいのです。

笑顔は、本人がリラックスしていることを印象づけると同時に、相手に緊張感を与えることなく、自信だけを感じさせる、最良の表情です。

また、**プレゼンがうまい人は指先の動きも魅力的です。** スティーブ・ジョブズやビル・ゲイツも指の動きが鮮やかですし、アメリカのオバマ前大統領は人差し指のドラマチックな動きが印象的でした。現在のトランプ大統領の指の動きも独特ですよね。

指先は、その動きでいろいろなメッセージを伝えられます。それだけに、指の動きが不安定だったり、ぶれていると、話の内容までぶれているような印象を与えてしまいます。

自信に満ちた表情や指の動きを出すために必要なのは、言うまでもなく自信です。

プレゼンの前日であるこのDAY4のゴールは、自信を持つこと。 私はそう思っています。愛情と情熱を持って準備を進めてきて、素材が集まり、スライドが完成し、トークも磨きました。**あとは自信を持つだけです。**

声に出してリハーサル

DAY4の最後に、ここまでの準備の仕上げとして、プレゼンの流れをリハーサルしましょう。

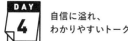

リハーサルは本番のプレゼンと同様に、声に出して行うことが大切です。話す内容を頭で確認するだけでは、実際にどれくらい時間がかかるか計測できず、リアルなイメージがつかめません。

できればリハーサルはひとりで行うのではなく、人に聴いてもらったほうがいいですね。

プレゼンのブラッシュアップで重要なのは、前日までに何回資料を見たかではなく、何回話したかです。多く口を動かすほど、プレゼンの品質は安定します。

リハーサルをしてみると、予定のプレゼン時間をオーバーしていたり、あるいは時間が余ったりすることがあります。

プレゼン本番では、時間が足りなくなって話をカットするよりも、余った時間を埋めるほうがはるかに大変です。話す内容は多めに用意し、予定の時間よりも多少長く話せるようにしておくのが安心です。

明日の本番に備えて、できれば会場に足を運び、機材や設備の最終チェックもしておきたいところです。本番であたふたせずにスライドの操作ができるよう、プロジェクターとパソコンの距離、接続ケーブルの端子の種類など、細かい点まで確認します。

それから、スライドなど資料のバックアップを必ずとっておきましょう。PowerPointのファイルは同行者にも配布しておくほか、USBメモリーやクラウド上に保存しておくことを忘れないようにしてください。

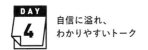

DAY 5

相手を動かす

プレゼンテクニック

当日は必ず機器を再確認する

プレゼン当日は、開始時間までにスライドや配布資料のほか、パソコンやプロジェクター、スクリーンなどの映像機器、音響機器の最終チェックをしておきましょう。

プレゼンが始まってから、相手の目の前でバタバタとスライドのセットアップをするのは避けたいものです。パソコンや映像機器はあらかじめ電源を入れておくなど、**開始時間になったらスムーズにプレゼンを始められる状態にしておきます。**

プレゼン中に起こりがちな機器のトラブルは、バッテリー切れで突然画面が暗くなる、警告のポップアップ表示が出てしまう、ネットワークの切断、Ｗｉｎｄｏｗｓの自動更新が急に始まるといったことです。そうした事態が起きないよう、電源やパソコンの設定に気を配っておくことも必要です。

目線を集めるときにはPowerPointの機能を使う

プレゼンの最中にスライドを指し示して目線誘導するために、指し棒やレーザーポインターを使うのは、あまりおすすめできません。

広い会場で大きなスクリーンにスライドを投影する場合、指し棒は見えづらいので不向きです。また、レーザーポインターを使うと、往々にして相手はそれが示している箇所ではなく、レーザーポインターの動きそのものを目で追ってしまいがちです。本当に見てほしい文字やグラフを見てもらえないのです。

それよりも、「右側の、青色の上に伸びている4本のグラフをご覧ください」というように、**言葉で確実に目線誘導することを意識した**ほうがいいでしょう。

言葉での誘導のほか、PowerPoint の機能を利用するのも、目線誘導には有効です。画面上で直接書き込みができる**「赤ペン」**や**「蛍光ペン」**の機能を使えば、説明しながらその箇所に丸をつけたり線を引いたり、キーワードを書き込むことができます。画面上のペンの動きで目線を惹きつけながら、見てほしい場所に確実に目線を誘導することができるので便利です（図30）。

また、PowerPoint のスライドを表示中に、パソコンの「W」キーを押すと画面が真っ白に、「B」を押すと真っ黒になります。

画面の前に立って、手に持った商品などを相手に示すとき、背後の画面に文字や画像が表示されていると、持っているものに目線が集まりません。そういうときに背景をすっきりさせるために使える機能です。会場が暗い場合は、「B」でブラックアウトさせると真っ暗になってしまうので、「W」のホワイトアウトを選ぶといいですね。

もう1つ、PowerPointで利用したいのが「発表者ツール」という機能です。手元のパソコン上に、いま画面に映し出されているスライドと、次のスライドを同時に表示させることができます。

これを使うと、**次のページをあらかじめ確認できるので、「ブリッジ」がしやすくなります。**手元にスライドのプリントアウトを用意して、それを繰りながら前後の確認をするより、この「発表者ツール」を使うほうがスマートです。

図30 目線を集めるPowewrPointの機能

赤ペン、蛍光ペン

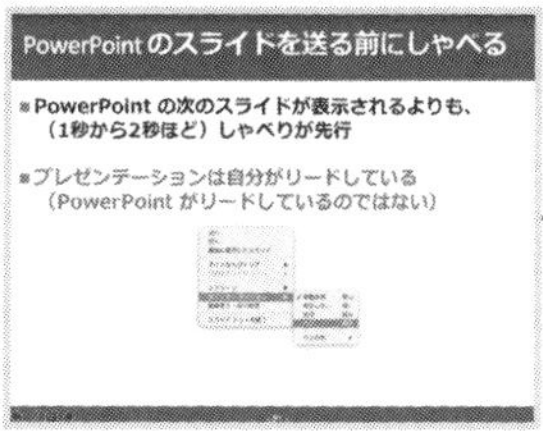

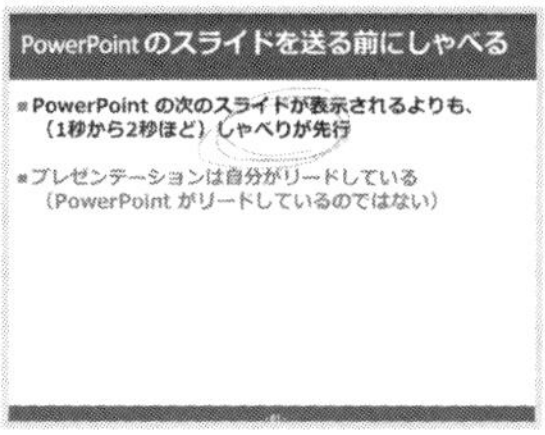

■スライド上を右クリックし、「赤ペン」または「蛍光ペン」をクリックする
■クリックしながら、マウスを動かすとスライド上にペンで書くことができる
■注目してほしい箇所を丸で囲んだり、アンダーラインを引くと効果的

発表者ツール

■PowerPointの「スライドショー」をクリックし、「発表者ツールを使用する」にチェックを入れ、スライドショーを開始する
■現在スクリーンに表示されているスライドと、次に表示されるスライドが表示される
■次のスライドが確認できるので、確実に「ブリッジ」を入れて話すことができる

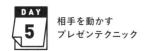

プレゼン直前まで情報収集

プレゼン中に、相手の社名や個人名、サービスや商品名など、相手に関連する単語を話すと、相手との距離感が近くなります。そのためには、相手に関する情報を、なるべく多く仕入れておく必要があります。

情報収集の手段が新聞やテレビなどに限られていた時代には、プレゼンの当日になってできることはほとんどありませんでしたが、いまは違います。スマートフォン1つで、プレゼンの直前まで情報収集ができます。

情報収集におすすめのツールはTwitterです。**相手先の社名や個人名、所在地名などを、Twitter上で検索してみてください。**たいていの場合、かなりの量のツイートがヒットするはずです。

たとえば、プレゼンの相手が出版社なら、その出版社が出している本についての情報やコメントがたくさん出てきますよね。そこで「○○さんの本が久しぶりに出てうれしい！」というツイートを見かけたら、「○○さん、最近またご著書を出されたんですね」

などと、プレゼンで話題にしてみてもいいでしょう。

地名で検索しても多くの情報を得られます。プレゼンの会場が豊洲で、あなたが豊洲になじみがないとしたら、「豊洲」で検索して、出てくるツイートをざっと眺めます。それだけで「ここの近くの『IHIステージアラウンド東京』っていう劇場で、今、面白そうな舞台をやっているんですね」「駅前に新しいホテルとショッピングエリアができるみたいで、楽しみですね」などと、話題をいくらでも仕入れることができます。

タイムリーな情報を得られるTwitterを活用して、**直前まで新鮮な情報を集め、プレゼン中にそれを話題にしたり、「引用」してみてください。**

スライドは直前で修正してもいい

プレゼンの原則は「**直前まで練習**」です。頭の中でイメージトレーニングを行い、今日のプレゼンで伝えたいことや相手に関する情報を、もう一度整理しておきます。

スライドは、直前まで修正してもかまいません。スライドで修正が必要な箇所に気づいたら、**プレゼン1分前でも手を入れておきましょう。**

スライドを印刷した資料を配布する場合、直前にスライドを修正してしまうと、資料上の記載と合わなくなるので好ましくないと考える人もいます。でも、たとえ資料と食い違いが生じても、スライド上の情報は最新かつ正確なものにしておくべきです。

ただ、その場合は混乱を招くことのないよう、スライドの修正箇所とその内容を、プレゼン中にきちんと伝えることが必要です。

自信のある人に見える目線の配り方

DAY3、4、そしてDAY5でお話ししてきた相手にどこを見てもらうかという意味での「目線」に加えてプレゼン当日に重要なのが、**自分自身がどこを見るかの「目線」です。**

落ち着いて、自信に満ちた印象を与える目線の配り方を意識しましょう。

できれば**プレゼン時間の3割以上は、資料ではなく相手や会場全体に目を向ける**ようにします。ずっと相手のほうを見ていることができればそれが理想ですが、それはなかなか難しいですよね。たった3割でいいので、下を向かないようにしてください。
会場の中央よりも後方のあたりを定位置にし、ずっと見ているようにすると、顔も上がり、姿勢もよくなって、ほどよい目線になります。

さらに付け加えると、会場を4分割して前方の右と左、後方の右と左の合計4つのゾーンを想定し、後方左のゾーンから前方右のゾーンへ、さらに前方左から後方右へ、というふうに、**対角線上に目線を動かす**と、落ち着いたかっこいい目線の配り方になります（図31）。

第一声で相手を惹きつける

いよいよプレゼンが始まります。プレゼン冒頭について大切なことをお話ししましょう。
プレゼンは、**開始の第一声から20秒～3分で、相手がその話を最後まで聴くかどうかが決まります。**

つまり、飽きる人は最初の3分で飽きるのです。

図31 目線の動かし方

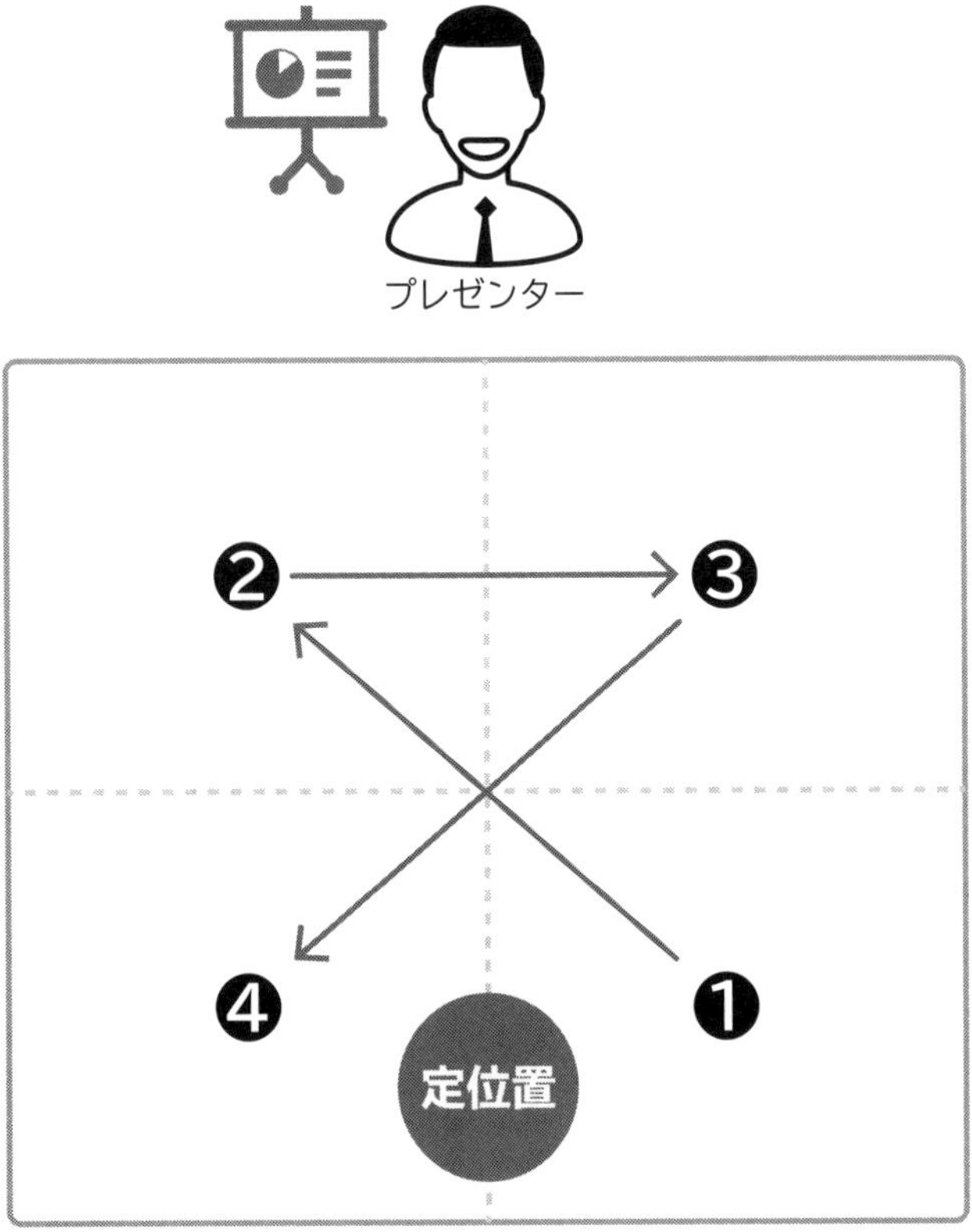

■会場中央より後方の「定位置」を見ているようにすると、姿勢がよく、目線が定まる
■❶から❹の順に目線を動かす。このとき、身体の向きも一緒に変えると、聞き手が抱く安心感が増す

言い換えれば、**聴いてくれる人は最初の3分で惹きつけることができます。**

プレゼンの速度は、最初はゆっくり、後半につれて速くなるのが一般的です。相手の耳が慣れてくるまでは、あまり速度を上げ過ぎないようにします。

第一声から20〜30秒ぐらいの間はゆっくりと、わかりやすく短い言葉で展開していきます。

声の大きさには自信が表れますから、第一声から力強い声でいきましょう。このときに、手をたたいたりしてもいいですし、「今日はみなさん、どんなことをお知りになりたいですか?」など、いきなり「語りかけ」で始めて変化を持たせてみてもいいでしょう。

自己紹介は名前2回

自分の名前を言うときも、ひと工夫しましょう。私の場合は、こんな言い方をします。

「みなさんおはようございます。**西脇と申します。**日本マイクロソフトでエバンジェリストをしております**西脇と申します**」

ひと言目の挨拶として自分の名前を言い、そのあと組織の名前や役職名と合わせて、もう一度自分の名前を言います。

プレゼンは、自分自身の名前を売る絶好のチャンスでもあります。社名よりも個人名を覚えてもらい「あの人から商品を買おう」「あの人に仕事を依頼しよう」と思ってもらえるほうが、個人としてはメリットが大きいのです。だから、できるだけ名前を印象づけるようにしたほうがいいのです。

ただ、プレゼンの前半であまり自分のことを話し過ぎると、相手が話を聴いてくれなくなります。

名前と社名、役職名は最初に伝えるべきですが、それ以外の経歴などの自己紹介は短めにするか、ある程度時間が過ぎてから行うのが無難です。プレゼンが進んで、話の内容や自分に対して、相手の関心が高まってきたタイミングで自己紹介を入れるようにするといいでしょう。

空気をほぐす「つかみ」と相互コミュニケーションの「さぐり」

プレゼンの冒頭では、場の空気をほぐすための軽い雑談を入れます。いわゆる「**つかみ（アイスブレイク）**」といわれるものですね。

前述のように、あらかじめ Twitter や Facebook を使って、相手先やプレゼン会場のあるエリアなどに関する情報を仕入れておき、それを使ってプレゼン開始から5分、遅くとも10分以内にアイスブレイクをします。

相手を「つかめる」かどうかは、最初の10分で決まります。ここまでに笑わせることができなかった相手は、もう最後まで笑ってくれません。

それを挽回するには、頭髪の危機ネタなどの自虐に走るしかなくなります。そこまでして笑いを取るのもなかなか大変なので、**事前にアイスブレイクの話題は用意しておきましょう。**相手の自然な笑いを誘うために、話すときには自分も軽く笑うのもポイントです。

この「つかみ」よりも、私がおすすめしているのは**「さぐり」**です。その場にいる人や、目についたものに関してトークを展開する方法です。

「今日はどちらからいらっしゃいましたか？」
「もう外では雨が降り始めましたか？」

などと問いかけて、相手からレスポンスが来たら、「ああ、広島からですか」「もう降っているんですね」と、その内容を繰り返すだけで、ちょっとしたキャッチボールの形になりますよね。

「さぐり」のメリットは、**事前に準備をしておく必要がない**ことと、**相手も参加しているコミュニケーションの雰囲気をつくり出せる**ことです。比較的早く空気を和やかにすることができるので、うまく活用してみてください。

手や指を動かし、自分も動く

話しているときのしぐさにも気を配りましょう。

まず、手をポケットに入れるのはNGです。腕を組むのも「上から目線」な印象を与えてしまいます。そうかと言って、手を体の真横にだらんと下ろしているのは一番格好悪い。腰に手を当てるのも高圧的なポーズです。

以上の4パターンは今日からやめましょう。

望ましいのは、体の前で両手を重ねるか、手を動かすことです。積極的に手を動かすようにすると、活発な印象のプレゼンになります。

片手でもう片方の手を握って、両手をすり合わせる「もみ手」は、悪いものではありませんが、どうしても猫背で内向きの姿勢になってしまいます。なるべく**手は外側に向けて大きく動かす**ようにしたほうがいいですね。肩幅より外側に手を開くようにすると、存在感が大きく見えます。

実際に手を動かすのは、以下のようなときです。

- **「大きさ」の説明をするとき**
- **「位置や場所」を示すとき**
- **「私は」「みなさんは」のように、「立場」を示すとき**
- **「数」を言うとき**
- **「順序」の説明や「カウント」をするとき**

「今回で5回目です」「6年ぶりの新商品です」「前回の2倍の性能です」など、指で示せる数字が出てきた場合は、必ず指を使ってください。

「まず地下鉄に乗り、次にタクシーに乗り、それから徒歩でここまで来ました」のような順序の説明、「私はサッカー、テニス、そしてラグビーが好きです」のようなカウントをするときは、話しながら指を折るしぐさをつけます。

立ち位置は一カ所にとどまらず、**自分で想定している以上に大きく動く**ようにしてください。演台がある場合でも、その位置でしか話してはいけないというわけではありません。演台に固定されたマイクを使用する場合以外は、演台の範囲を超えて移動してもまったく問題はありません。手も体もダイナミックに動かして、プレゼンを活気あるものにしましょう。

「お手元の資料」に誘導しない

自分が話していることと、相手が見ているものを一致させる「目線誘導」を確実に行うためには、とにかく相手に**「下を向かせない」**ことが重要です。

プレゼン中は、なるべく前方の画面や自分のほうを見てもらわないといけません。そのためには、**紙の資料を配布しない**というのもひとつの方法です。必要であれば、プレゼン後にあらためてお渡しすることもできるので、目線を上げて話を聴いてもらうことを優先します。

資料を配布済みの場合でも、できるだけ目線を下に向けさせないようにします。「お手元の資料の9ページをご覧ください」とは言わず、「資料でもあとでご確認いただけますが、こちらのスライドの右上の部分をご覧ください」と、前方に目線を誘導します。

接続詞で目線を集める

自分に目線を集める効果的な方法が、**「接続詞のタイミングで振り向く」**ことです。まずは、だらだらと長い文ではなく、短い文を接続詞でつないで話すことを心がけてください（図32）。

「このお茶の売れ行きは大変好調で、発売元は六本木にある会社です」

↓

「このお茶の売れ行きは大変好調なんです。**そして、**発売元は六本木にある会社です」

これで「そして」という接続詞が入りましたね。この**「そして」を言うタイミングで、相手のほうを軽く振り向きます。**

「実は」「それは」「続いて」「さて」などの接続詞は、スライド上にはない言葉です。そのタイミングで相手のほうを見ることによって、スライドや資料ではなく、自分自身に相

図32 接続詞で振り向く

手の目線を惹きつけることができます。

話し方の抑揚も重要なポイントです。書き言葉の文章をただ読み上げていると、リズムが単調になり、相手の注意がそれてしまいがちです。

「資料にない接続詞は、相手を見るチャンスを生み出す」

↓

「資料にない接続詞は**ですね、**相手を見るチャンスを生み出せる**んです**」

スライドに書かれていることを説明する場合でも、なるべく**話し言葉で、抑揚をつけて話す**ようにするといいと思います。

また、DAY4でご紹介した「質問と回答」のテクニックを使うときも、

「それはなぜか？（1～2秒置いて）実はですね」

という具合に、少し間をあけるようにすると、そこで相手の注意を惹き、顔を上げさせ

ることができます。そういうチャンスをできるだけつくるようにしてみてください。

少人数のプレゼンでは「対面」を避ける

相手の人数が少なく、テーブルを囲む形でプレゼンを行う場合などは、できれば相手の正面ではなく、**斜め横の位置を取るようにします。**

対面だとどうしても「売りつける側と買わされる側」「説得する側とされる側」といった対決姿勢になってしまいがちです。少し角度を変えるだけで、相手に圧迫感を与えないようにできるんですね。

少人数の場合は、プロジェクターなどは使用せず、手元の資料を見てもらいながら説明する形が多いと思います。その場合は、**広げた手のひらを上に向け、資料上の自分が説明している箇所を指で示して目線誘導します。**

このとき、自分が手にしている資料ではなく、**手を伸ばして相手の手元にある資料を直接指し示してください。**可能であればマーカーでその箇所に線を引いてしまってもいいですね。これは少人数のプレゼンやミーティング、セールスなどで役立つテクニックです。

一度口にした言葉は言い直さない

プレゼンでは言い間違いをしてしまうこともよくあります。このとき、多くの人はすぐに正しく言い直すと思います。これを**「リワインド」**といいます。

たとえば、「この季節の電力使用量は」と言うべきときに「今日の」と言いかけてしまった場合、「今日の、あ……、この季節の電力使用量は」と、あわてて言い直してしまいますね。

プレゼンがうまい人は、このリワインドをしません。どうするかというと、**言い直さずに言葉をつなげるのです。**

間違えて「今日の」と言ってしまっても、**「今日のような季節の**電力使用量は」と、そのままつなげて軌道修正してしまいます。次のリワインドも言葉をつなげて言い切ってみましょう。

「2016年、いや2017年の業績見込みについては」
↓
「2016年**の業績を超える**、この2017年の見込みについては」

言い間違いをしやすい年月日も、こうしてさらっと正せるといいですね。

リワインドが目立つと、プレゼンの信憑性や話者に対する信頼度が下がります。あからさまな訂正が少ないほど、話がスムーズで「この人の話は間違いがない」という印象を与えることができます。これは少し上級テクニックですが、プレゼンに慣れてきたら意識してみてください。

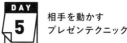

挙手でコミュニケーションを取る

相手と双方向のやりとりを盛り込むために、質問を投げかけて、それに手を挙げて答えてもらうということも、プレゼンやセミナーではよく行われます。

でも、「この製品を見たことのある方は?」と問いかけても、シーンとして誰も手を挙げてくれないことが、結構ありますよね。

そんなときに、うまい人は即座に「じゃあ、これを見たことがない方は？」と、**逆の質問**をします。そうなると、相手はどちらかに手を挙げざるを得なくなりますね。

あるいは、最初に大多数の人が手を挙げやすい質問をして、場の空気をある程度ほぐしてから、本当に聞きたい質問をするという方法もあります。

私は相手が学生の場合などは、「ちょっと腕の運動をしましょう」なんて言って、まず全員に手を挙げさせてから、「じゃあ、この製品を見たことがない人は手を下ろしてください」と、逆に手を下ろさせるとか、**別の動作から続けて質問する**という手を使うこともあります。

ほかにも「この列に座っている方で、これを見たことがある方は？」と、相手を限定して質問をすると、それ以外の人がみんな注目しているので、反応せざるを得なくなります。

そんなふうに、相手や場の雰囲気に応じて、いろいろ工夫してみてもいいかもしれません。

質問は持ち帰らない

プレゼンの最後に質疑応答を行う場合、まず気をつけたいのは、質問を受けた直後のリアクションです。

無難な返しのつもりで「いい質問ですね」「よくいただくご質問です」などと言ってしまいがちですが、相手にしてみれば「ありきたりな質問ですね」と言われているような気がして、あまり気分がいいものではありません。

「いまご質問いただいた、まさにそのことなんです」

というふうに、相手の着眼点を尊重し、「気づかせてくれてありがとう」というニュアンスにすると好印象です。

どんな質問を受けても、第一声は否定の言葉を返さないことを意識してください。

たとえ肯定しがたい意見が含まれていたとしても、「いや、そんなことはありません」「それは違いますよね」などと否定せず、「そういうことがあるんですか」「本当なんですか」と、まずはいったん受け止めます。

受けた質問に対しては、できればその場で回答してください。情報の確認が必要だったりして、その場では答えられない場合は、ただ持ち帰るのではなく、**相手に行動を起こさせるようにします。**

たとえば「その製品でサイズ40センチのものはありますか?」と聞かれて、確認が必要だった場合、「すみません、いまお答えできないので、持ち帰って調べさせてください」とは言わないでください。

「ご関心がおありなのはその点ですね。では、どういう用途で40センチのものをお使いになるのか、**あとで私までご連絡ください。**その用途に最適なサイズをご案内いたします」

こう返すと、自分は答えを保留にしていながら、相手は行動せざるを得なくなります。

質疑応答は、プレゼンで足りなかった説明を補完するためだけではなく、**相手の情報**

をさらに引き出し、相手に行動を起こさせるために行うものでもあるのです。

もちろん、実際にはプレゼン終了後、相手からの連絡を待たずに「お調べしたところ、30センチと40センチのご用意があります」と、こちらから速やかに回答を連絡しなくてはいけません。でも、プレゼンのその場ではあくまでも、自分ではなく相手に持ち帰ってもらう形にします。

「質問責めにあって、答えられずにおろおろしている姿」ほど、プレゼンで格好悪いものはありません。そうした醜態をさらすことがないよう、答えられないのではなく「答えることはできるが、相手のニーズに即したベストな回答をしたいので、それを先に聞いておきたい」という姿勢を通すことが大切です。

すべての印象を左右する終わり方

最後の挨拶や締めの言葉は、冒頭の挨拶よりも印象に残るものです。うやむやな言葉で尻切れに終わるのではなく、ビシッと決めましょう。

そのためにも、**最後の言葉はあらかじめ決めておくほうがいいでしょう。**

「ご静聴ありがとうございました」
「お時間をいただきありがとうございました」
「きっと皆様のお役に立てることを願って、プレゼンを終わります」

右記のように奇をてらったフレーズでなくてもいいので、「これを言って締める」という言葉を用意しておくようにします。

終盤ではDAY2でご紹介した「シンメトリック」のテクニックを使い、前半で使った内容やキーワードを繰り返してプレゼンを結ぶことも意識してみてください。最後こそ力を抜かず、満点の着地を目指しましょう。

DAY +1

プレゼンを向上させるレビュー

アンケートの9割は無意味

5日間をかけてつくり上げたプレゼンが無事、成功しました。プレゼンはプレゼン自体が終わればすべて終わり、ではありません。

プレゼン後、すぐに行うべきことは、相手へのお礼です。自分がプレゼンをした相手や、その場でお会いして名刺交換した人に、その日のうちにこちらから、短い文でもいいのでメールなどでお礼を伝えます。

次にすることは、**プレゼンのレビュー**です。当日、会場でアンケートを取った場合は、それが回収されてくると思います。

プレゼンやセミナーで、アンケートを取るほうがいいのかと、よく質問されることがあります。私自身は、**一般的に取られているアンケートの9割は無意味**だと思っています。

大多数のアンケートは、「プレゼンの時間の長さは適切だったか」とか「資料の内容は十分だったか」などの設問に対して、「よい・悪い・どちらともいえない」の3択で答えさせるといったものです。

しかし、そうしたアンケートの回答を集計しても、次のプレゼンに活かすという意味においては、ほとんど何の役にも立たないと言っていいでしょう。

この種の設問に対する回答は、基本的に個人の主観によるものです。1時間のプレゼンを長いと感じる人もいれば、物足りないと感じる人もいます。アンケートで、プレゼン時間が「長い」という回答が比較的多かったからといって、次のプレゼンで時間を短くすれば、評価が上がるというものでもありません。

同じ人を相手にプレゼンを繰り返すのなら別ですが、その場限りの相手の主観をいくら集めても、次のプレゼンに反映する意味のあるデータにはなりにくいのです。

アンケートを取るなら、相手の主観的な感想を問うのではなく、**相手の行動にかかわる質問**をしましょう。具体的には、次のようなものです。

- **このプレゼン（セミナー）を聴いて、いままでと考え方が大きく変わりましたか？**
- **この商品を買ってみたいと思いましたか？**
- **このプレゼン（セミナー）を、ほかの人にもすすめたいと思いますか？**

1つ目の質問では、相手のパーセプションチェンジが起きたか、つまりプレゼンが成功したかが判断できますね。

2つ目は相手が実際に行動を起こしてくれるかどうかがわかります。

3つ目はプレゼンやセミナーが相手にとって価値のあるものであったかが確認できます。

こうした設問であれば、得られた回答もある程度、参考になると思います。

アンケートで「はい・いいえ・どちらともいえない」とか「よい・悪い・まあまあ」のような選択肢を与えられると、たいていの人は中庸を選択するものです。その意味でも、選択式で集めた回答は、それほど重視する必要はありません。

ただし、**フリーコメント欄に書かれたマイナス評価には、必ず目を通すべきです。**「グラフの色が見づらかった」「画面の下のほうにばかり文字が集まっていて、よく見えなかった」など、コメントとして書かれた具体的な指摘は見逃さず、次回の改善につなげるようにしてください。

セルフアンケートで気分を上げる

さらに、自分でもプレゼンを振り返りましょう。**今回のプレゼンで、自分は何ができたか、何がよかったかという点を、思いつく限り書き出してみてください。**

ダメ出しではなく、「この話は相手の反応がよかった」「あの席にいる人がよくうなずいてくれた」「質問をたくさんしてもらえた」など、**プラスのフィードバックを行います。**プレゼンに関しては、自分自身が心地よかったかどうかを大事にしてほしいと思っています。なるべく気分よくプレゼンを終えられるほうがいいので、反省点よりもポジティブな気づきを羅列するセルフアンケートを行うべきです。

私はプレゼンやセミナーを行ったあとは必ず、Twitterなどで自分の名前を検索する「エゴサーチ」をします。参加してくれた方々が「楽しかった」「面白かった」などとツイートしてくれているのを見るとうれしいですよね。そうやってポジティブな評価を確認して「自画自賛」しています。

このプレゼンをやってよかった。その充実感やうれしさ、楽しさをしっかり味わって、この5日間を締めくくりましょう。5日間、本当にお疲れさまでした！

エピローグ

プレゼン上手は褒め上手

プレゼンを終えてみると、「ここがうまくいかなかった」「スライドのこの部分がよくなかった」など、いろいろと気づくことがあると思います。

反省点やマイナスポイントを洗い出し、それをすべて直していくことによってプレゼンを向上させようとすると、常に自分の欠点や、他人からのネガティブな評価ばかりに目を向けることになり、気分的に追い込まれます。

もちろん、直すべきところは直したほうがいいのですが、マイナスの部分を直すことに必死になり過ぎると、プレゼンが嫌いになってしまいます。その結果、ますますプレゼンがうまくできなくなるという悪循環に陥ります。

それよりも、プレゼンをすることで得られた、**プラスの部分に目を向けるようにしてください。**

プレゼンは、プラスを伸ばすことによって進化させていくものだと、私は思っています。

プラスを伸ばせば、マイナスは目立たなくなります。プレゼンの準備期間は、自分のいいところや、うまくできることを伸ばしていく時間にしたほうがいいと思います。

そしてもう1つ大事なことがあります。

プレゼンとは、美しい言葉やポジティブな言葉、丁寧な言葉で伝えたいことを表現すること。それによってプラスの印象や行動を呼び起こすものだということです。

ポジティブワードを連ねて、自分や商品の印象を高めると同時に、相手の気分も上向かせ、行動を起こさせる。つまり、**プレゼン上手な人は、自分も相手もどんどんプラスの方向に持っていく、「褒め上手」な人でもあるのです。**

そんな「褒め上手」になれるよう、日常生活でもポジティブワードを積極的に使うことを習慣にしたいですね。本書の中でもご紹介したように、「が」でつなぐ逆接をむやみに使わない、マイナスの表現は美しい言葉に置き換えるといったことを、普段から意識してみてください。

私は名刺交換をするときでも、ただ名刺を受け取るのではなく、「下のお名前、すごく素敵ですね」「僕の知り合いにもこの名字の方が多いんです。ご出身はもしかしたら東北ですか?」といったひと言を加えて、会話のきっかけにします。

レストランで食事をするときも、メニューを選びながら「このおすすめメニューのハンバーグは、やっぱりランチで食べる人が多いんですか?」などと、お店の人とよく会話します。そんなふうに日常のいろいろな場面で、プラスアルファのコミュニケーションをしてみるのもいいと思います。

さらに私は、テレビとも「会話」しています。朝にテレビをつけて「7時のニュースです。おはようございます」と言われれば「おはようございます」、天気予報で「今日は夕方に雨がぱらつくので傘をお持ちになるといいでしょう」と言われれば「わかりました、用意していきます」と、声に出して返事をして、自然なリアクションを磨いています。

大勢の人の前でいきなりプレゼンしなさい、スピーチしなさいと言われたら、誰しも気おくれして当然です。そういう経験をきっかけに「私はシャイだから」などと、話すことに苦手意識を抱いてしまう人も少なくありません。でも、日常の名刺交換や店でのオーダー、ましてやテレビとの会話なんて、恥ずかしいも何もなく、普通にできることですよね。

人に何かを伝えるスキル、プレゼン能力、相手を動かす力は、そんな日々のちょっとしたところから底上げしていくものだと思います。

本書ではＤＡＹ１からＤＡＹ５までの５日間でプレゼンを仕上げてきましたが、実はＥＶＥＲＹ　ＤＡＹがプレゼンの準備期間です。

今日からの日々も、さまざまなプラスを積み重ねて、プレゼンも、そして目の前の毎日も、充実したものにしていただけたらと願っています。

西脇資哲

◆著者紹介◆

西脇資哲（にしわき・もとあき）

日本マイクロソフト株式会社 業務執行役員、エバンジェリスト
1969年生まれ。岐阜のシステム会社でプログラマーとしてモニター画面に向き合う日々を過ごしつつ、ひそかにプレゼン技術の研究を重ねる。

96年、日本オラクルに入社し、プロダクトマーケティング業務を経験。その後、IT業界屈指のプレゼンターとして頭角を現す。

09年、マイクロソフトに入社後、マイクロソフト製品すべてを扱う唯一の日本人エバンジェリストとして活躍。2014年より業務執行役員。

また、独自のプレゼンメソッドが口コミで広がり、全国から講演・セミナー依頼が殺到。

「年間250講演、累計5万人以上・200社以上が受講」という圧倒的実績を持つNo.1プレゼン講師としても知られている。

三井住友海上、日立製作所、NHK放送研修センター、富士通、JT、サイボウズ、クレハ、イトーキ、日本ユニシス、国会議員、環境省、立命館小学校、筑波大附属駒場中・高など、大手上場企業から初等教育の現場にいたるまで、幅広い層の「伝える力」向上に貢献。

また、2010年より継続開催中の「エバンジェリスト養成講座」では、定員が即座に埋まるほどの人気を誇る。

TOKYO FMのラジオ番組　乃木坂46の若月佑美と『エバンジェリストスクール！』を放送中。

BS TBS「御朱印ジャパン」出演中。

著書に『プレゼンは「目線」で決まる』（ダイヤモンド社）、『新エバンジェリスト養成講座』（翔泳社）などがある。

編集協力／堀江令子
カバーデザイン／藤塚尚子（ISSHIKI）
本文デザイン／飯富杏奈（Dogs Inc.）
DTP・図表制作／横内俊彦

最強のプレゼン段取り術

2017年8月9日　初版発行

著　者　西脇資哲
発行者　野村直克
発行所　総合法令出版株式会社
〒103-0001 東京都中央区日本橋小伝馬町15-18
ユニゾ小伝馬町ビル9階
電話　03-5623-5121
印刷・製本　中央精版印刷株式会社

ISBN 978-4-86280-564-5
総合法令出版ホームページ　http://www.horei.com/